# Las 7 Cicatrices del Líder

# Las 7 Cicatrices del Líder

Dío Astacio

© 2011. Dío Astacio
   Pastor
Título original: *Las 7 Cicatrices del Líder*

Dirección editorial: Bismar Galán
Diagramación: Michel Galán
Diseño de portada: edgarwinter@gmail.com

ISBN: 978-9945-8773-0-4
Prohibida la reproducción total o parcial
de esta obra sin permiso escrito del autor.

2011. De esta edición: Todo Cómputo

Impreso en República Dominicana
por Todo Cómputo

Las7cicatrices@gmail.com
Twitter:   @dioastacio
Tel.   809-355-6400
       809 712 6400
       809-616-0976
       809-238-0499

A todos los líderes del mundo,
sobre todo a aquellos que
han sido heridos.

## Agradecimientos

A mi amada esposa Evelyn, por soportar todo el tiempo que le robo mientras escribo, y por ser parte de este proyecto, logrando que llegue a los lectores con la menor cantidad de errores posibles.
A cada una de mis hijas: Melody, por ser la correctora de las correcciones, y porque a tu corta edad ya eres toda una escritora. A Daniela y Camila, por forzarme a detener la escritura para darles un abrazo, lo cual me hace más humano.
A mi madre, por transmitirme el deseo de comunicar mediante la palabra escrita, y a mi padre por ser un ejemplo de mansedumbre y paciencia.
A mis hermanos compañeros de viaje y camaradas de odiseas.
A todos mis primos y tíos, en especial a Manuel Pacheco, quien partió con el Señor en el transcurso de la publicación de este libro.
A Juana, por todos los tés calientes en las mañanas.
A todo el equipo de la oficina, por ser de gran ayuda para el trabajo.
A todos los hermanos de mi congregación y del Concilio Alianza Cristiana y Misionera, que han sido la cuna de mis enseñanzas.
A todos mis amigos.
De manera muy especial, a mi señor Jesucristo, mi única fuente pura de inspiración. ¡A él sea toda la gloria!

# Índice

| | |
|---|---|
| Introducción | 13 |
| 1 - La Cicatriz del Perdón | 21 |
| 2 - La Cicatriz del Valor | 47 |
| 3 - La Cicatriz de la Paciencia | 67 |
| 4 - La Cicatriz de la Oración | 81 |
| 5 - La Cicatriz de la Justicia | 97 |
| 6 - La Cicatriz del Silencio | 115 |
| 7 - La Cicatriz de la Humillación | 129 |
| A modo de conclusión | 155 |

# Introducción

En una reunión de jóvenes rescatados de la violencia, un jovencito preguntó: ¿Quién es el pastor aquí? De inmediato el pastor se hizo sentir y levantó la mano. El joven se quitó la camisa y le dijo: Ustedes hablan de lealtad. Quiero enseñarle esta cicatriz, esta es una herida de bala que me hicieron cuando traté de rescatar a mi amigo. ¿Ve esta otra? Me la hice con un objeto cuando intervine para evitar que hirieran a uno de mis compañeros. Mi cuerpo está lleno de cicatrices. Yo puedo hablar de lealtad, de amor por el otro... ¿Podría usted enseñarme las cicatrices que muestran su amor por los demás?[1]

Esta historia nos confronta: las cicatrices del líder muy pocas veces son visibles. La mayoría están muy profundas y sólo él puede conocerlas.

Cuando estamos en posiciones de liderazgo, es inevitable recibir heridas. Algunas heridas serán tan profundas que nos dejarán sin el deseo de continuar en la batalla. El líder se levanta, se cura y sigue ade-

---

1 Parafraseado de una historia contada por Jeffrey de León (Conferencia Coicom 2010).

lante. Esta es la razón por la que está lleno de cicatrices. Cada herida que sana, lo fortalece, y mientras más grande es su liderazgo, más profundas serán sus heridas. Jesús, por ejemplo, fue el líder más lacerado que ojos humanos hayan podido ver; pero, a pesar de las heridas, no perdió su visión y su firme propósito de seguir adelante con el proyecto hacia la cruz. Una de las escenas más conmovedoras de la vida de Jesús es aquel momento en que uno de sus discípulos lo había negado tres veces. Él preguntó: "Pedro, ¿me amas?"[2].

Al profundizar un poquito en este pasaje, notaremos varios puntos importantes: en primer lugar, Jesús no estaba irritado, todo lo contrario, se percibe una voz amorosa y ecuánime. En segundo lugar, no hace reproches del pasado inmediato, él se mantiene orientado al futuro, por eso le dice a Pedro: "Si me amas, pastorea mis ovejas"[3]. En tercer lugar, notará que Jesús buscaba más que un reclamo: «crecimiento y sanidad para Pedro quien estaba herido por el temor». Claramente podemos ver que Jesús no tenía heridas en su corazón, ya las había cicatrizado con el perdón.

En este libro vamos a ver siete cicatrices en la vida de un líder. Para ello, primero que todo, debemos

---

2   Juan 21:14 (VRV 60)
3   Juan 21:16 (VRV 60)

definir lo que significa la palabra *cicatriz*: "...forma en que el cuerpo sana y reemplaza la piel perdida o dañada".[4] Parecería una palabra desagradable, pero con el tiempo hablamos de las cicatrices como un sinónimo de sanidad; lo hacemos con gratitud, pues ellas nos recuerdan cómo superamos los momentos más difíciles de nuestra vida, cómo sobrevivimos a esas heridas, las que ahora no son parte de nuestro dolor.

El soldado que va a la guerra y regresa puede hablar de sus cicatrices y sobre cada una de ellas tendrá una experiencia que contar. La cicatriz nos enseña por dónde no debemos pasar y nos ayuda a perder el miedo, nos hace ser precavidos en cosas en las que antes éramos descuidados. Veamos en resumen las siete cicatrices del líder.

---
4  Diccionario Pequeño Larousse 2005

## Nº 1.- La Cicatriz del Perdón

Es poco probable que un líder de éxito sobreviva felizmente si no aprende a perdonar. Todos los días un líder recibe sorpresas de las personas que lo rodean. De hecho, las sorpresas más impresionantes se reciben de las personas que más amamos. Si el líder no aprende a perdonar, terminará con heridas abiertas. Estas heridas no lo dejarán avanzar.

## Nº 2.- La Cicatriz del Valor

Las personas viven llenas de miedos y el miedo es una herida causada por un golpe en nuestra vida. Cuando llegan cosas que nos asustan y nos amenazan, es probado nuestro valor. Llega el día en que decidimos enfrentar la situación y nos ponemos de pie frente al gigante, aprendemos que no importa cuán grandes sean los enemigos, el señor nos da fuerzas para sanar la herida del miedo.

## N° 3.- La Cicatriz de la Paciencia

La impaciencia produce muchas heridas. El actuar de manera desbocada y acelerada produce cientos de errores. Con el tiempo nos damos cuenta de que no logramos nada bueno y entonces empezamos a ser más pacientes. Warren E. Buffet, uno de los más ricos empresarios estadounidenses, CEO de Berkshire Hathaway Inc., expresa que, como inversionista, uno de sus mayores retos es tener paciencia ante todas las ofertas que llegan a su vida. En ocasiones nos van a provocar frontalmente, pero el líder maduro manejará las provocaciones y caminará sobre ellas, sin que esto le afecte, porque lleva en su cuerpo marcas que le recuerdan las consecuencias de la impaciencia.

## N° 4.- La Cicatriz de la Oración

Cuando todo parece que se ha perdido y nuestras fuerzas no son suficientes, es cuando descubrimos el verdadero poder de la oración para cerrar la boca de los leones. Al orar a nuestro señor Jesucristo, podemos sanar muchas heridas, como la soberbia, la arrogancia, la rebeldía y la traición. En este capítulo vemos la existencia de un hombre cuya vida de oración, aunque lo llevó a ser condenado a muerte, fue la herramienta que lo sacó de en medio de ella.

### N° 5.- La Cicatriz de la Justicia

Cuando dirijas, siempre tendrás dos grupos: los hijos "buenos" y los hijos "malos". Unos y otros son tuyos. El gran dilema es poder ser justos y dar a cada uno lo suyo, sin romper la relación. Luego de cometer un error tras otro y de recibir heridas profundas, te das cuenta de que ser justo no es una tarea fácil, por lo que, el líder tendrá que invertir mucho tiempo para hacer justicia y aprenderá que, al tratarse de hijos, no podemos clasificarlos en buenos y malos, solo en hijos.

## Nº 6.- La Cicatriz del Silencio

¿Cuánto pagamos por una palabra descompuesta? ¿Cuánto trabajo nos ha costado reponer una relación perdida, por una conversación con la persona equivocada? Aprendemos, después de tantas heridas, a ser discretos y reservados, a medir la trascendencia de aquello que decimos. Por eso el silencio se convierte en una cicatriz que nos recuerda el costo de una palabra. La Biblia dice: "Aún el necio, cuando calla, es considerado como sabio".[5]

## Nº 7.- La Cicatriz de la Humillación

En principio todos nos sentimos ser personas humildes. Pero, ser humilde puede ser una fachada. Lo que realmente nos hace humildes es la capacidad de humillarnos. Esto es sumamente doloroso y, más que una prenda de vestir, es una cirugía moral sin

---
5   Proverbios 17:28 (VRV 60)

anestesia. Aprenderemos que si queremos tener relaciones duraderas, tendremos que humillarnos constantemente. Eso aplica para todas las áreas de nuestra vida: la Iglesia, el matrimonio, los trabajos, los amigos...

En todas las cicatrices usamos la historia de algún personaje bíblico. Sin embargo, en el fondo cada una de ellas representa la persona de nuestro Señor Jesucristo. Es por esto que hemos usado algunas imágenes que nos recuerden su vida y su pasión, por lo cual pedimos excusas.

Espero que el presente escrito ayude en abundancia tu liderazgo y que puedas tener un renacer que te permita renovar tus fuerzas por los próximos 40 años de ministerio.

**Dío Astacio**

CAPÍTULO 1
# LA CICATRIZ DEL PERDÓN

. . . . . . . . . . . . . . . . . . . . . . . .

*"Los que aman viven del perdón"*
ANÓNIMO

# Capítulo 1
## La Cicatriz del Perdón

—¿Dónde estoy? –preguntó el joven.
—Estás en Egipto, ahora eres esclavo.
—No puede ser, soy el hijo preferido de mi padre, el más pequeño y preciado entre mis hermanos. ¡Esto tiene que ser un sueño!
—Lo siento hermano, tu vida cambió, ahora eres simple y llanamente un esclavo. Acostúmbrate, no hay vuelta atrás.

> **El líder debe tener un zafacón para ofensas, de lo contrario se llenará de basura.**

Hay momentos en los que nuestra vida cambia radicalmente, en fracciones de segundos. Lo peor es que en muchas ocasiones, lo sucedido tiene que ver con personas muy cercanas, de quienes nunca esperaríamos algún tipo de herida. En el liderazgo es así, las heridas más profundas suelen venir de personas muy cercanas.

—¿Quién es ese? –preguntaban los demás esclavos.

—Ese es un hebreo, lo trajo el amo. Se dice que fue vendido por sus propios hermanos a unos mercaderes.

—¡Ha de ser muy malo para que sus propios hermanos le hicieran esto! ¡Míralo! ¡Quien lo ve, lo compra!

Y eso fue precisamente lo que hizo Potifar: "lo compró". Compró a José, quien había sido vendido por sus hermanos a unos madianitas.

Ahora, ayúdeme a recrear esta escena: Sus propios hermanos lo traicionan e intentan matarlo, luego de mucha discusión lo lanzan en un hoyo; por compasión, deciden venderlo como esclavo. Allí, bloqueado por el dolor, sin entender lo que está ocurriendo, no cesa de repetir la siguiente frase: *"Esto no me puede estar pasando a mí. ¡No me lo merezco!"*

Pues bien, querido amigo, lamento comunicarte que estas cosas sí pueden pasar. Cuando mejor nos sentimos en nuestro trabajo como líderes, habiéndonos entregado plenamente a nuestra labor, y más aun, cuando la trayectoria con el equipo muestra resultados extraordinarios, un golpe frío en la nuca nos despierta y la gente nos dice: Las cosas no son como usted piensa, queremos que se vaya.

## De niño mimado a esclavo sudado

*—De veras que no entiendo –diría José en su nueva vida de esclavo.*
*—¡Así me gustan los esclavos!, que no entiendan nada –diría Potifar.*

El punto es que José, de ser un niño mimado por su padre y el más considerado entre todos, pasó a ser un joven esclavo en un país lejano. Pasaron los días y José se integró al trabajo. Al cabo de algunos años se convirtió en el mejor siervo, su desempeño permitió que un día lo nombraran mayordomo de la casa de Potifar. "Mas Jehová estaba con José, y fue varón próspero y estaba en la casa de su amo el egipcio".[6] Si usamos la imaginación para traer a este momento una conversación de José consigo mismo, tendríamos algo como esto: "Aquí es donde debo estar. He sido un hombre bueno, me he portado bien, merezco la cima y le puedo demostrar a mis hermanos que soy superior a ellos en cualquier lugar donde me den la oportunidad".

---

6   Génesis 39:2 (VRV 60)

Cuando somos traicionados, lo normal es que regresemos con mayor fuerza y con un alto grado de insensibilidad al medio exterior. Al hacernos menos sensibles, muchas veces pasamos desapercibidos valiosos detalles en el ánimo de los demás. Nuestra tolerancia a la traición es una prueba. Cuando no superamos una prueba, lo lógico es que el maestro la repita. Dios nos prueba en busca de nuestra propia perfección. Si no logramos superar este proceso, él repite la prueba hasta que aprendamos a perdonar. Veamos a continuación lo que pasó con José en este sentido.

**Segunda prueba de José**

La primera prueba de José vino de parte de sus hermanos, quienes lo vendieron como esclavo. La segunda viene de una persona honorable, alguien de gran prestigio. Era casi imposible que por su nivel y condiciones pudiera hacer algo inmoral, pero esta es otra muestra de que en el liderazgo, las sorpresas vienen de donde menos las esperamos.

José era el hombre más confiable de Potifar; éste le había abierto las puertas de su casa y le había dado posición de mayordomo[7]. La esposa de Potifar era

---
7 Génesis 39:4 (VRV 60)

una mujer a quien José le tenía un sumo respeto; también, era su jefa. Posiblemente tendría una gran interacción con la señora, ya que ella pasaba más tiempo en la casa que su esposo Potifar. Sin embargo, aquella honorable dama sorprende a José con esta petición: "Duerme conmigo".[8] Supongo que justificaría su petición diciendo: *Potifar se la pasa viajando y tú sabes que estoy sola. ¡Necesito compañía! ¿Por qué no me acompañas? ¿Por qué no te acuestas conmigo?*

José se queda estupefacto, no puede creer lo que está oyendo. En breves segundos había vivido el momento de mayor presión en su vida. Turbado por la conversación, hace lo que entiende es más correcto: sale huyendo, sin rumbo y sin camisa, en vista de que la dama le había arrebatado su prenda de vestir en el violento acoso. Nadie sabe lo que ha pasado, pero ciertamente un hombre que huye semidesnudo puede levantar muchas sospechas. Al otro extremo se escucha un escándalo. Es la voz de la señora de la casa, quien vocifera desesperadamente: *"¡Han intentado violarme! ¡José ha intentado violarme!".*[9] José huyendo

> A nivel de liderazgo, las cosas no son lo que son; son lo que aparentan ser.

---

8  Génesis 39:12 (VRV 60)
9  Génesis 39:14 (VRV 60)

y la dama gritando dan un cuadro perfecto para una acusación de intento de violación. Esta acusación tendría varias agravantes: primero, el violador era un hombre de confianza de la casa; en segundo lugar, la mujer era casada; en tercer lugar, el hombre era un extranjero y, por último, era un esclavo. Todo esto se complementaba con pruebas concretas, hechos visualmente coherentes y testigos muy confiables. En este caso no había mucho que buscar.

**Llega la prensa**

La "deshonrada señora" llamó al público e hizo una rueda de prensa sobre un intento de violación. Como prueba, presentó *la camisa de José*. Se confirmaron los hechos —había salido huyendo— y todos se hicieron una conclusión. Pasaron las horas y llegó el dueño de la casa. No hay juicios, no hay nada que investigar, la culpabilidad apuntaba a José.[10]

---

10   Génesis 39:19-20 (VRV 60)

## Superando la prueba de tolerancia

### Limpiando la cárcel, limpiando el corazón

José va a la cárcel y, tal cual pasó cuando lo vendieron como esclavo, ahora vuelve a ser el último en la fila, vuelve a cero. Después de hacer lo correcto, de ser el mejor empleado, ahora está recluido en una celda, sin posibilidades humanas de salir de aquel desafortunado lugar.

Llegó a la cárcel aturdido por los azotes que le infirieron. Supongo que se sentaría a descansar de todos los maltratos que recibió antes de ser encarcelado. Herido por fuera y destruido por dentro, su frase repetida sería: *¡No es justo, no me lo merezco! ¡Lo he hecho bien! ¡He sido una buena persona! ¡Esto no me puede estar pasando a mí!* No obstante, José se hace obediente a otro jefe y le sirve con alegría. "Pero Jehová estaba con José y le extendió su misericordia, y le dio gracias en los ojos del jefe de la cárcel".[11]

Intentemos recrear lo que ocurrió en aquella prisión: Con el paso de las horas, el dolor empieza a

---
11 Génesis 39:21 (VRV 60)

atenuarse y el frío de la mañana lo despierta. Entre la luz y la sombra, la basura, el estiércol, rodeado de sus compañeros de celda, quizás mofado por algunos, sin una esposa que lo visite ni una madre que se preocupe, sin hermanos y sin padre, sin amigos ni compadres, José pasaba por el momento más amargo de su vida. En la profundidad de su pena, arroja la mirada hacia las mugrientas paredes de la prisión y, a lo lejos, divisa una escoba. En medio de dudas y razonamientos, José la toma y empieza su proceso de sanidad. ¿Habría deseos de confiar en alguien? ¿Quedarían fuerzas para seguir adelante? ¿Existiría alguna razón para estar motivado? Por encima de todo eso, José se aferró a su escoba como un niño a un juguete nuevo. Empezó a limpiar la cárcel; su dolor, sus lágrimas, su ira, su angustia y sus interrogantes las descargó sobre aquella escoba. Barrería cada rincón de la celda, limpiaría cada escombro y se convertiría en el preso de mayor confianza. El Espíritu de Dios estaba con él. Por eso lo inspiró a servir, porque servir sana el alma.

### El ejemplo del maestro

Cuando Jesús iba a ser crucificado, antes de celebrar la última cena, buscó un lebrillo, se puso la toalla en la cintura y lavó los pies a sus discípulos.[12] En medio de toda su angustia, su mejor decisión fue la de servir a otros.

La sanidad llega después del servicio. Perdonar es una acción, más que una emoción. Usted puede decir que perdona, pero si no actúa en consecuencia, sirviendo a los demás –sobre todo a aquellos con los que no se siente muy cómodo–, lamento decirle que el perdón podría quedarse en su mente y no llegar al corazón. De hecho, me atrevería a decir que usted puede empezar a servir y luego el servicio le ayudará a perdonar y a curar.

**El líder tiene muchas oportunidades para perdonar**

La relación de heridas entre los líderes y sus seguidores es de cien a una. Son abundantes las oportunidades que el líder tiene para ser ofendido. Si deja que cada herida siga con él, llegará

> Son abundantes las oportunidades que el líder tiene para ser ofendido. Si deja que cada herida siga con él, llegará un momento en el que simplemente no podrá seguir adelante o se convertirá en un tirano, un ser humano insensible e indiferente al dolor de otros.

---
12  Juan 13:5 (VRV 60)

un momento en el que simplemente no podrá seguir adelante o se convertirá en un tirano, un ser humano insensible e indiferente al dolor de otros. Nuestro trabajo en el liderazgo es muy parecido a un encantador de serpientes; el encantador sabe que algún día será mordido y por eso siempre guarda su antídoto cerca, y cuando es mordido no se sorprende, simplemente se aplica la cura y sigue adelante; eso es parte de su trabajo, las mordidas son parte de su vida, como las heridas son parte del líder.

## José muestra que está sano

Mientras cumplía su condena -que era indefinida- en lugar de ser una persona amargada, José empieza a crecer como ser humano y como líder. Dios pone en él un espíritu de superioridad, pero, ¿sabe usted lo que significa un espíritu de superioridad? Significa un espíritu de servicio. El servicio es *"el perdón hecho práctico"*. Las personas que no sirven a los demás, en algún sentido están heridas y sienten que la vida les debe algo; entienden que no vale la pena servir, lo cual ocurre por dos razones básicas: por estar muy heridos o por haberse criado en un ambiente donde son servidos por otros, y piensan que los demás están obligados a servirles. Eso también es una herida: *"la herida de la arrogancia".* En estos días una maestra de un colegio privado de clase alta me contó cómo los niños de ese colegio se burlan de los maestros y los subestiman por ser económicamente inferiores. Ella llevó a sus alumnos a una excursión para relacionarse con niños pobres y se burlaban de aquellos. Les tiraban monedas al suelo y disfrutaban cómo los pequeños se golpeaban unos con otros por alcanzarlas. Esto es criar a nuestros hijos heridos por la arrogancia y la insensibilidad.

¿Cómo sabemos que José estaba sano? Por lo siguiente: mientras estaba en sus labores de líder de la cárcel, traen dos altos funcionarios del palacio. José observa la tristeza de aquellos hombres; no se alegra, se preocupa y les pregunta: *¿Por qué están tristes?*[13] No sólo se interesa por ellos, sino que le dedica tiempo, pues ambos habían tenido un sueño y necesitaban un experto que los interpretara. Así es que José deja lo que está haciendo y se dedica a escucharlos.

¡Esto es serio! ¿Sabe lo que hace un líder herido? Cada día presta menos atención al dolor ajeno. José se tomó su tiempo y, con calma, los escuchó y les interpretó el sueño a cada uno. Al otro día, a ambos funcionarios les ocurrió lo que José les había profetizado; sin embargo, el jefe de los coperos, que había

---

13 Génesis 40:7 (VRV 60)

sido el de mayor fortuna, se olvidó de Él. José por su parte continuó en la cárcel, pero ahora mostraba que no hacía las cosas esperando que alguien le devolviera el favor. Él ya había cicatrizado sus heridas con el perdón.

## El líder sano toma tiempo para escuchar a la gente

Cuando los líderes tenemos heridas, solemos dar duros consejos y hacer sentir débiles a quienes están en dificultad. Les exigimos que sean tan fuertes como nosotros. Nuestro vocabulario se llena de frases como estas: "Yo me he hecho trabajando, a mí me ha costado mucho llegar hasta aquí". "Yo no tengo que ver con eso". "¡Ese no es mi problema!". "Si lo hizo mal, que pague el precio. Le daré un castigo para que aprenda". Esa reacción provoca que las personas cercanas a nosotros sientan mucho temor de acercarse cuando nos necesitan. Sin darnos cuenta, nos convertimos en seres arrogantes y de poca influencia en el interior de las personas. Si tomamos en cuenta que líder es aquel que ejerce influencia sobre otros[14], el tener una vida llena de dolor y resentimientos reduce nuestro nivel

---

14   John Maxwell, Las 21 Leyes Irrefutables del Liderazgo

de inspiración y, por tal motivo, las personas solo nos servirán por temor, compromiso, necesidad o interés, lo que quiere decir que su permanencia a nuestro lado es cuestión de tiempo.

## La recompensa del perdón

Mucho tiempo después de que el jefe de los coperos saliera de la cárcel, el faraón de Egipto tuvo un sueño. El rey estaba muy preocupado por lo que soñó y era tan complejo que nadie podía interpretarlo. Entonces el copero le dijo al faraón: "Conozco a un joven hebreo que está en la cárcel y nos interpretó los sueños a mí y al jefe de los panaderos y ocurrió tal como lo había interpretado".[15] ¡Por fin alguien se acordó de José!

El faraón mandó llamar a José, lo vistieron y lo llevaron a palacio. El monarca lo recibe en su lujosa oficina y le cuenta el extenso y complicado sueño. Luego de escucharlo detenidamente, José lo interpreta.

El rey quedó impresionado con su sabiduría. Su interpretación era lógica y posible. El sueño se resume en lo siguiente: La nación de Egipto pasaría siete años de abundancia y siete años de escasez.[16] José le

---
15 Génesis 41:9-13 (VRV 60)
16 Génesis 41:30 (VRV 60)

advierte al faraón que esto exigía un cambio en la visión y que tendría que transformarlo todo. Se necesitaba de un plan estratégico para que aquella predicción no le hiciera pasar un amargo momento a la nación egipcia. José le explica al faraón y su corte que se requería de un líder que ejecutara aquel plan, un hombre sabio, trabajador, automotivado y capaz de trabajar con otros. El faraón dice: "¿Acaso hallaremos una persona como ésta, en quien repose el Espíritu de Dios?" Luego dijo a José: "Puesto que Dios te ha revelado todo esto, no hay nadie más competente y sabio que tú. Quedarás a cargo de mi palacio, todo mi pueblo cumplirá tus órdenes; solo yo tendré más autoridad que tú, porque soy el Rey".[17]

En un solo día, la vida de José cambió para siempre, ahora de manera positiva. De la misma manera que una herida cambia tus días y tu futuro, la cicatriz del perdón puede restaurarte y pagarte todo lo que te han quitado, incluso con sus intereses acumulados, poniéndote en lugares privilegiados donde nunca pensaste estar.

Si usted fuera José, ¿qué haría con las siguientes personas: el jefe de los coperos que lo había olvidado; Potifar, que lo encarceló injustamente; la esposa de Potifar, que lo calumnió; sus hermanos, que lo ven-

---

17  Génesis 41:38-40 (VRV 60)

dieron como esclavo? Si siente el deseo de vengarse, es porque tiene heridas abiertas. Si José, en lugar de trabajar, se concentra en la venganza, habría fracasado como líder.

Hay un ejemplo en la política contemporánea que nos ilustra eso. Es el caso de Nelson Mandela, quien salió de la cárcel, luego hizo política y fue electo presidente de su país. Él tenía dos opciones: "gobernar o perseguir". Hizo lo correcto: se dedicó a gobernar, lo cual lo convirtió en un ser humano más admirado y conservó el prestigio que había ganado. Uno de los retos más grandes del líder es contenerse de la venganza cuando tiene la oportunidad de hacerlo.

> Perdonar es renunciar a nuestro derecho de vengarnos.

Perdonar es renunciar a nuestro derecho y oportunidad de venganza.

Cuando perdonamos, Dios entra en acción y ejecuta el plan que tiene con nosotros. ¿Habría sido José gobernador de Egipto si no es vendido por sus hermanos? ¿Habría sido el segundo hombre más poderoso de una nación, si no se hubiera detenido a escuchar a dos hombres tristes?

El perdón es la llave que nos lleva al siguiente nivel. José fue perdonando cada acción y, siempre que lo hizo, estuvo en un lugar superior. Cada herida fue un paso para su crecimiento. Él creyó en un Dios que puede convertir las peores heridas en las mejores cicatrices.

## Las 3 señales del perdón

### No.1 - No esperar que lo consulten para todo

En nuestra relación con las personas, llegamos a un nivel tan profundo que nos olvidamos de la fragilidad humana y empezamos a confiar más en ellas que en Dios y su palabra, que nos dice: "Maldito el hombre que cree en el hombre"[18]. Nuestra elevada autoestima nos lleva a pensar en la imposibilidad de que ellos asuman la libertad de decidir sin consultarnos. Ser un verdadero líder no evitará que algunos de nuestros seguidores tomen decisiones a nuestras espaldas. Ellos tienen derecho a experimentar y llegar por sí mismos a conclusiones, incluso a fracasar.[19] Las personas son libres de hacer lo que quieran hacer; no es nuestro rango de acción entrar a sus vidas. Dios le dio al hombre esa libertad, la de decidir su vida.[20] Sólo

---
18   Jeremías 17:5 (VRV 60)
19   Proverbios 24:16 (VRV 60)
20   Génesis 2:16-17 (VRV 60)

podemos aconsejar hasta donde la palabra nos permite. En algunos casos, cuando se trata de una decisión pecaminosa, tenemos recursos bíblicos para tratar el asunto. No obstante, la mayoría de las decisiones no son antibíblicas, son básicamente inconsultas.

Así que las personas podrán informarnos o no de sus decisiones y nuestra madurez se reflejará en la manera de manejar la situación. Estas decisiones no siempre van a ser un fracaso por el hecho de que no cuentan con nuestra aprobación, lo serán, cuando en su voluntad Dios permite que lo sean y serán de bendición, si así Dios lo establece. Si las personas no nos consultan, no es una ingratitud, es su decisión y el líder maduro aprende a manejar ambas cosas. Por eso debemos aprender a levantar al caído, a limpiar el polvo de sus rodillas y seguir adelante. Tal es el caso de Abraham al liberar a Lot, cuando éste se encontraba cautivo en Sodoma[21]. El patriarca fue al rescate de su sobrino y algo hermoso aconteció después de Lot ser liberado: *recibió la bendición de Melquisedec.*[22] Esto nos sugiere algo con el tema de la restauración: todos debemos olvidarnos de los fracasos ajenos y concentrarnos en nuestra labor de restauración.

---

21   Génesis 14:12-16 (VRV 60)
22   Génesis 14:18-20 (VRV 60)

Aquel que ante la caída de algún seguidor saca el dedo para señalarlo y le retira el apoyo estará reduciendo su nivel de influencia. Cuando no somos sensibles con el que ha caído, los demás colaboradores del equipo se sienten defraudados. La Biblia cuenta acerca de una discusión entre Pablo y Marcos. En el medio de ellos se encontraba Bernabé ¿Con cuál de los dos decidió ir Bernabé?[23] Afortunadamente, su sentido de restauración estaba más desarrollado y, gracias al Señor, decidió acompañar a Marcos. Esto no lo hizo solo porque fuera su sobrino, creo que lo hizo por la misma razón que decidió buscar a Pablo en Tarso, camino a Antioquía[24]. Luego vemos que Marcos le fue de gran utilidad a Pablo para la obra[25].

Por eso el líder no debe esperar mucho agradecimiento y participación de las decisiones de sus colaboradores; hay muchas decisiones que ellos tomarán fuera de su consejo. De hecho, ellos sólo nos consultan las cosas sobre las cuales tienen dudas; cuando se sienten seguros, difícilmente lo hagan. Lo peor es que cuando fracasan, usted tiene que servirles como si los hubiera aconsejado[26].

---

23 Hechos 15:39 (VRV 60)
24 Hechos 11:25 (VRV 60)
25 2 Timoteo 4:11, Filemón 1:24 (VRV 60)
26 Lucas 15 (VRV 60)

Lograr tal nivel de libertad en nuestros sentimientos no es tan sencillo, pero viene a mi memoria el momento en el que el Señor le ordenó a Ananías que le sirviera a Pablo y que lo tomara de la mano, porque él tenía un propósito con Pablo[27]. Fíjese qué buen momento tenía Ananías para que Pablo pagara todo lo que le hizo a los discípulos, pero el propósito de Dios sobre el caído es la restauración, no la venganza.

### No.2 - No esperamos agradecimientos

No espere que la gente se muestre agradecida de por vida, si lo hacen una vez, es suficiente; lo normal es que nunca lo hagan. Es muy pretencioso esperar el eterno agradecimiento de los demás. Cuando esperamos mucha gratitud, estamos confesando algo de egoísmo, pues si realmente damos de todo corazón, llega el momento en que olvidamos lo que hemos dado y no esperamos nada a cambio. El interés tiene mucha memoria, cuando damos interesadamente, nunca olvidamos lo que hicimos por los demás y en algún momento vamos a pasar la "factura". Pero el amor no pasa factura[28].

---

27  Hechos 9:17 (VRV 60)
28  1 Corintios 13 (VRV 60)

## No.3 - Damos lo dulce que tenemos por dentro

Una mujer acostumbraba a barrer el frente de su casa y tirar la basura a su vecina. La víctima tomaba la basura, la ponía en un zafacón y oraba a Dios. Todos los días se repetía la misma acción. Un día aquella sabia mujer decidió hacer una torta hermosa y luego de decorarla con todo el esmero posible, la puso en una delicada caja y le anexó una nota que decía: *"Querida vecina: las personas dan lo que tienen por dentro"*. Si usted no logra cicatrizar sus heridas con el perdón, lamentablemente, se convertirá en una persona amargada.

La Biblia habla de las llamadas "aguas de Mara". Estas aguas tenían una particularidad, y era que estaban amargas. "Y llegaron a Mara, y no pudieron beber las aguas de Mara, porque eran amargas; por eso le pusieron el nombre de Mara"[29]. A veces esta es la situación del líder: está amargo, y nadie puede beber de él. Su amargura se transmite en sus palabras, sus obras, su rostro. Aunque él no lo percibe, sí lo perciben sus ovejas. El libro de Hebreos nos habla de que los pastores velan por las almas de sus ovejas y que deberían hacerlo con alegría para beneficio de la Iglesia. Pero también sugiere que, en algún sentido,

---

29    Éxodo 15:23 (VRV 60)

el comportamiento de las personas puede hacer que no estemos tan contentos. "Obedeced a vuestros pastores, y sujetaos a ellos; porque ellos velan por vuestras almas, como quienes han de dar cuenta; para que lo hagan con alegría, y no quejándose, porque esto no os es provechoso"[30]. Esta frase de queja es lo que expresa cierto nivel de amargura. Es muy peligroso alimentar a alguien si no tenemos alegría. Algunas mujeres han tenido una experiencia negativa cuando amamantan a sus niños estresadas e incómodas. Ellas han percibido que sus hijos se molestan, incluso algunos se retiran del seno. Por eso el líder debe endulzar sus aguas a fin de que todos puedan beber libremente de él; de lo contrario, puede adulterar lo que muchos desean buscar[31].

¿Qué hizo Moisés para endulzar las aguas? "Y Moisés clamó a Jehová, y Jehová le mostró un árbol; y lo echó en las aguas, y las aguas se endulzaron"[32]. ¿Cuál es el único árbol que puede endulzar nuestras aguas? "Yo soy la vid verdadera, y mi Padre es el labrador. Todo pámpano que en mí no lleva fruto, lo quitará; y todo aquel que lleva fruto, lo limpiará, para que lleve más fruto. Ya vosotros estáis limpios por la palabra que os he hablado. Permaneced en mí, y yo

---

30  Hebreos 13:17 (VRV 60)
31  1 Pedro 2:2 (VRV 60)
32  Éxodo 15:25 (VRV 60)

en vosotros. Como el pámpano no puede llevar fruto por sí mismo, si no permanece en la vid, así tampoco vosotros, si no permanecéis en mí"[33]. El único árbol que puede endulzar nuestras aguas para dar de beber al pueblo es Jesucristo, sólo en él podremos encontrar la gracia para hacer la obra. Él es quien nos ha llamado. Él es quien nos ha escogido y establecido[34].

Usted pudiera seguir adelante y olvidarse de este tema, pero lo invito a pensar en lo siguiente: Nuestra vida es corta; el promedio de vida de un ser humano es de 70 a 80 años. En ese lapso, el líder recibirá una decepción tras otra. Si acumula cada ofensa, lamentablemente se llenará de amargura. Usted no es un escorpión o una serpiente para acumular veneno. Por tanto, saque todo ese dolor de su corazón, siga adelante y será feliz.

### Las cicatrices de José tienen nombre

La palabra *perdón* y la palabra *perdonar* provienen del prefijo latino "per" y del verbo latino "donāre", que significan, respectivamente: "pasar, cruzar, adelante; pasar por encima de"[35]. Al perdonar lo que hacemos

---

33  Juan 15:1-4 (VRV 60)
34  Efesios 4:11 (VRV 60)
35  Diccionario de la Real Academia de la Lengua.

es seguir adelante y dejar el pasado. Esto fue precisamente lo que hizo José y la evidencia es el nombre de sus hijos.

Al cabo de los años, José tuvo dos hijos. Al primero lo llamó **Manasés**[36] que significa: Dios ha hecho que olvide todos los problemas de mi casa paterna[37]. Muchos de nuestros fracasos tienen que ver con nuestra resistencia a olvidar los problemas con nuestros ancestros. Las personas echan a sus familias la culpa de sus fracasos. Lo cierto es que puede ser que la que nos ha causado las heridas sea la familia, pero los responsables de sanarlas somos nosotros. Nadie es culpable, excepto la actitud que asumimos de no curar nuestras heridas familiares, por lo cual nos hacemos esclavos de ellas. Al segundo hijo, José lo llamó **Efraín**[38], que quiere decir: Dios me ha hecho fecundo en esta tierra donde he sufrido[39]. El sufrimiento es el gestor de la fecundidad y de la abundancia. José no se enfocó en el sufrimiento como algo que pudiera recordar con dolor, todo lo contrario, le otorgó ese nombre a uno de sus hijos. Hizo que la cicatriz del perdón fuera práctica en la vida y en el nombre de sus hijos. Esos nombres no reflejan dolor: reflejan

---

36  Negritas del autor
37  Génesis 41:51 (NVI)
38  Negritas del autor
39  Génesis 41:52 (NVI)

crecimiento, reflejan madurez. Ojalá que a nuestros problemas les pongamos el nombre de **Manasés** o *Efraín* y que podamos levantar un monumento positivo de los eventos negativos. Un monumento al gozo en los lugares que te causaron dolor. Que tus victorias se levanten en medio del sufrimiento y se cumpla la palabra de Dios en tu vida, cuando dice: "Aderezas mesa delante de mí en presencia de mis angustiadores; unges mi cabeza con aceite, mi copa está rebozando"[40].

---

40   Salmos 23:5 (VRV 60)

# CAPÍTULO 2
# LA CICATRIZ DEL VALOR

• • • • • • • • • • • • • • • • • • • • • • • • •

*Vencer el miedo será tu mayor batalla en la vida.*
Dío Astacio

## Capítulo 2
## La Cicatriz del Valor

El sol brillaba en las planicies e irradiaba su resplandor con el rocío de la mañana; las aves brindaban su vuelo y el silencio era casi ruidoso. El ejército se preparaba para cumplir con su horario de trabajo, pues de batalla no se mencionaba nada; todos estaban impávidos, secos y aterrorizados.

Al fondo se empezaba a oír el sonido del ejército enemigo, sus tambores, sus pisadas y sus gritos de victoria.

Nadie se atrevía a decir una sola palabra; estaban atónitos, esperando el anochecer, para así descansar de hacer "nada", descansar de tener miedo. A lo profundo, empezó a retumbar la voz de un hombre que decía: "¿Para qué salís a dar batalla? ¿No soy yo el Filisteo, y vosotros los siervos de Saúl? Escoged un varón de vosotros que venga contra mí. Si él pudiere pelear conmigo, y me venciere, nosotros seremos vuestros siervos; y si yo pudiere más que él, y le venciere, vosotros seréis nuestros siervos, y nos serviréis"[41].

---

41  1 Samuel 17:9 (VRV 60)

Goliat era un hombre que medía casi tres metros. ¿Se imagina? ¡Era inmenso! Todos estaban aterrorizados con la situación. Nadie decidía ir y enfrentar aquella mole humana. Durante 40 días ocurrió lo mismo; y nadie quiso arriesgarse.

En este caso se puede palpar en carne viva la herida del temor. Tener miedo es el pan nuestro de cada líder. Siempre hay situaciones en las que la turbación nos sobrecoge. No sabemos lo que hay detrás de la pared y somos responsables por el grupo. Cada decisión, cada compra, cada despido, encierra miedos y es lógico porque no sabemos con exactitud cuáles van a ser las consecuencias.

El temor es una respuesta natural que Dios ha puesto en nosotros cuando está amenazada nuestra integridad física o psicológica. Valor no es ausencia de temor, es vivir por fe y hacer lo bueno frente a objetivos ilegítimos de temor. El temor de Dios es el principio de la sabiduría y es el único que puede dominar a los demás temores... Detrás de todo temor irracional hay una mentira que es necesario identificar.[42]

El haber tenido que enfrentar con responsabilidad el miedo y las consecuencias de no haber actuado con firmeza en determinadas ocasiones hacen que el

---

[42] N eil T. Anderson, L os pa sos H acia la L ibertad en C risto, pag. 19, Editorial Unilit 2005

líder de éxito complete su sanidad con la *cicatriz del valor*.

David pertenecía a una familia numerosa. Por ser el más pequeño de la casa[43], no podía enrolarse en el ejército. Israel se encontraba en guerra contra los Filisteos, así que, el pueblo, los familiares y los campesinos suponían a sus soldados ocupados en la batalla; pero el ejército permanecía acobardado ante la presencia de un hombre que le vociferaba todos los días: ¡Cobardes!

¿Cuáles son los gigantes que gritan a tu vida estas mismas palabras? ¿Cuáles gigantes estás viendo como imposible de vencer?

En el valle de Elá, donde se encontraba el campamento, todas las mañanas y al atardecer, se oía el mismo discurso, pero nadie se atrevía a decir nada. ¿Quién sería capaz de desafiar a tal gigante? Ni los altos militares ni el rey tenían una salida al problema. Durante cinco semanas y media los israelitas soportaron las burlas de los filisteos.

El rey Saúl también se encontraba en el campamento. A propósito, la Biblia se refiere a él de la siguiente manera: "En la tribu de Benjamín había un hombre, muy respetado, cuyo nombre era Quis hijo de Abiel, hijo de Zeror, hijo de Becorat, hijo de Afía,

---

43   1 Samuel 16:11 (VRV 60)

también benjaminita. Quis tenía un hijo llamado Saúl, que era buen mozo y apuesto como ningún otro israelita, tan alto que los demás a penas le llegaban al hombro" [44].

A pesar de ser un hombre más alto que todos los israelitas, Saúl no hizo el menor intento por enfrentar a Goliat. Así que la posición más cómoda para el líder de los israelitas era esconderse y decir: "Yo debo estar aquí. Este es mi lugar; si salgo a la batalla pongo el pueblo en riesgo; si salgo a pelear y me vencen, habré perdido mi reinado, mi posición y mi prestigio". ¿Qué le parece? Personalmente, no creo que un rey cobarde sea alguien que tenga mucho prestigio entre sus soldados.

Los hermanos de David estaban en la guerra, el padre les envió provisiones y alimento[45]. También envió, diez quesos al comandante del batallón. Estaba muy interesado en saber si se encontraban bien, por eso le pide a su hijo David que investigue sobre la situación.

Observando este cuadro a profundidad, me pregunto sobre los *diez quesos* que le fueron enviados al comandante, mientras, a sus hijos solo les envía panes y trigo. Posiblemente el padre de David estaba

---

44  1 Samuel 17:17-18 (VRV 60)
45  1 Samuel 17:17 (VRV 60)

pidiéndole de forma indirecta que llevara a sus hijos ¡suave! "No me los pongas delante del batallón, ponlos en una parte de poco riesgo". ¡Un rey con miedo, un ejército con miedo y un pueblo con miedo!

El miedo frisa a las personas, no las deja avanzar. Cuando Pedro negó a Jesús tres veces, lo hizo impulsado por el miedo. Pero su resultado fue ¡traición e ingratitud! El miedo hace que las personas mientan; impide que las personas sean auténticas, y un líder que no es auténtico tiene un liderazgo débil y sus seguidores también se debilitan. Por eso *Shakespeare* dijo: "De lo que tengo miedo es de tu miedo". Y *Giacomo Leopardi* dijo: "No temas ni a la prisión, ni a la pobreza, ni a la muerte. Teme al miedo". Y es que cuando un líder está herido por el temor, sus conquistas serán muy escasas, pobres y casi inexistentes.

## Transformando el ambiente

A pesar de que el miedo constituye un mecanismo de defensa y supervivencia, que permite a los individuos responder ante situaciones adversas[46], no es menos cierto que también resulta ser de carácter social y cultural. Es algo tan profundo, que viene con

---
46  www.es.wikipedia.org

nosotros desde nuestra niñez. Algunos padres crían a sus hijos con muchos temores: temor a la muerte, temor a las personas, temor a los resultados, en fin, temor a todo.

Hace unos días fui al parque de diversiones con mis hijas. Nos montamos en todo lo que ellas deseaban y, gracias a Dios, las vi sin ningún temor. Se veían libres, y eso me agradó. En cambio, vi padres sobreprotegiendo a sus hijos, no los dejaban subir a ningún tipo de aventura y ellos tampoco presionaban para hacerlo. La razón de esto es que muchos padres han crecido con la herida del miedo y siguen traspasándola a sus hijos, formando una generación cobarde cuya condición se extenderá a las generaciones siguientes, hasta que alguien sea curado y esta herida cicatrice con *valor*.

Acontecimientos traumáticos en la vida de algunas personas les han provocado esta herida, generando en ellos temor del futuro inmediato. No hacen nada que sientan es peligroso, y cuando aparece un "Goliat", simplemente hacen lo posible por esconderse y esconder a todos sus seres queridos. Por eso, el padre de David prefería que sus hijos no fueran al frente de la batalla y por eso sus hermanos advierten a David: ¡Mucho cuidado con meterte en lo que no te incumbe!

Siguiendo con el relato, David es enviado al campamento para llevar su encomienda. Sale de mañana y, luego de ordenar sus asuntos con las ovejas, llega al campamento y entrega lo que se le había mandado al comandante. De inmediato, se dirige al campo de batalla a preguntar por sus hermanos. Al encontrarlos, empezó a conversar con ellos. De repente Goliat comienza a vociferar aquello que tenía "40 días" diciéndole a todo un ejército. En esta ocasión, algo distinto se movía en el ambiente. Y como dice la Biblia: *"Las oyó David"*[47]. Bastó que David escuchara las palabras de Goliat para que se produjera un cambio.

Probablemente, David había sido un miembro menospreciado entre sus hermanos. Por ser el más pequeño, Isaí su padre lo tenía haciendo un trabajo distinto a los demás hijos. Incluso, si seguimos bien la historia, veremos que cuando Samuel estaba buscando al sustituto del rey Saúl, fueron llamados a la presencia de Samuel todos los hijos, menos David, porque estaba cuidando ovejitas[48]. No obstante, David llevaba sobre sí la cicatriz del valor, y al escuchar a Goliat, que se dirigía al pueblo con tal burla, David preguntó a los que estaban con él: "¿Qué dicen que le darán a quien mate a ese filisteo y salve así el honor

---

47   1 Samuel 17:23 (VRV 60)
48   1 Samuel 16:11-12 (VRV 60)

de Israel? ¿Quién se cree este filisteo pagano, que se atreve a desafiar al ejército del Dios viviente?" [49] Algunos le respondieron acerca de la recompensa que el rey Saúl otorgaba por vencer a Goliat, pero uno de los hermanos de David lo escuchó conversar y dice la Biblia: "Eliab, el hermano mayor de David, que le había oído hablar con aquellos hombres, se enfureció con él y le dijo: ¿A qué has venido aquí? ¿Con quién dejaste esas cuantas ovejas que están en el desierto? Yo conozco tu atrevimiento y tus malas intenciones. ¡Seguro que has venido solo para ver la batalla!"[50]. Esos hermanos de David representan el mundo que te adversa y que te ha dicho una y otra vez que no tienes ninguna capacidad. David se apartó de su hermano, pero siguió haciendo preguntas. Era tanto el temor en el campamento, que muchos notaron el interés de este diminuto jovencito. Así que fueron a contarle al rey Saúl acerca de él. De inmediato David empezó a perfilarse como un líder, pues cuando se está rodeado de cobardes, aquel que tiene un poco de valor y coraje se convierte en el líder.

Saúl recibió a David en su tienda real y quiso convencerlo de que no hiciera eso, por la juventud y estatura en relación a su oponente. ¡Es en este momento,

---

49  1 Samuel 17:27 (VRV 60)
50  1 Samuel 17:28 (NVI)

cuando llegan a la boca de David las palabras más importantes de este capítulo! David muestra la cicatriz del valor y dice: "A mí me toca cuidar el rebaño de mi padre. Cuando un león o un oso viene y se lleva una oveja del rebaño, yo lo persigo y lo golpeo hasta que suelta la presa. Y si el animal me ataca, lo sigo golpeando hasta matarlo. Si este siervo de su majestad ha matado leones y osos, lo mismo puede hacer con ese filisteo pagano, porque está desafiando al ejército del Dios viviente"[51]. Supongo que David le enseñaría las marcas de los dientes en su cuerpo y señalaría las cicatrices provocadas por aquellas bestias, diciendo al rey: "Esta es de león y esta otra de oso. No tengo miedo, el miedo lo dejé en el campo". David conocía el valor. ¡Dios se lo infundió! Por eso dijo: "El Señor, que me libró de las garras del león y del oso, también me librará del poder de ese filisteo"[52].

### Levantando la moral de un ejército atemorizado

El campamento ahora estaba animado. ¡Al menos tenía un 1% de probabilidades de derribar al gigante! Cuando la confianza está en un 100% negativo, llevarla al 1% positivo es mucho. A pesar del pesimismo

---

51   1 Samuel 17:34-36 (VRV 60)
52   1 Samuel 17:37 (VRV 60)

colectivo y del temor de sus hermanos, David decidió enfrentar a Goliat y eso lo convirtió en un líder, aún sin ir a la batalla. Este acto levantó la moral de un ejército atemorizado: "Si este jovencito puede enfrentar a un gigante, nosotros podremos enfrentar al ejército".

La cicatriz del valor permite que llevemos ánimo donde hay pesimismo; permite que levantemos al que se siente perdido y que le mostremos lo mucho que falta por recorrer. Con ella, el líder pone en alto la bandera y hace que la tropa que iba en estampida, se dé vuelta a la batalla.

El liderazgo requiere toma de decisiones. Cada decisión implica riesgos, a veces leves, pero en ocasiones muy severos. El líder herido nunca toma decisiones arriesgadas. Recuerdo a un amigo al que le gustaba pintar el local de su pequeña empresa y cuando alguien le decía que el color no le gustaba, él de inmediato lo cambiaba. Consultar a otros no tiene nada negativo, siempre que se haga antes de tomar la decisión. Una vez tomada esta decisión, el líder debe tener el coraje para mantenerla, en vista de que, aun el equipo lo presione, está probando su determinación. Si usted cede y se retracta, ellos verán en usted a una persona insegura e inconstante. Desde luego, esta regla tiene sus excepciones, en ocasiones tendrá que retractarse, pero le recomiendo, a menos que sea estrictamente necesario, evite hacerlo. Cuando el equipo se ve trabajando con un líder indeciso, pierde todo entusiasmo y su sentido de compromiso va al suelo. Ellos temen que lo que se está haciendo ahora, mañana podría no ser, así que se preguntan: ¿Por qué hacer esto, si mañana lo van a desbaratar?

La humanidad está llena de líderes que saben lo que hay que hacer, pero no actúan, tienen mucho miedo de enfrentar intereses. Tienen miedo a los votantes, miedo a los políticos de la oposición, miedo a lo que van a hacer los empresarios, miedo a los miembros del equipo... Ciertamente es normal estar preocupados por aquello de lo que no tenemos el control; pero, si espera tener toda la información antes de tomar una decisión, tomará muy pocas.

El miedo, más que cualquier otra cosa, ha afectado el desempeño de muchos líderes, que han detenido el desarrollo de su equipo y el suyo propio. Un caso que me parece está muy relacionado con esta herida es el de los países desarrollados que no han fijado posiciones firmes en relación al calentamiento global, prefiriendo poner a la humanidad en peligro, antes que tomar medidas radicales a favor del planeta y de sus recursos naturales.

Necesitamos líderes que hayan cicatrizado la herida del temor y que den un paso al frente a favor de los principios y valores que necesita la humanidad. Líderes que hagan lo que tienen que hacer. Ellos deben buscar el Goliat que asusta a su pueblo, tomar las piedras, apuntar al gigante, dar vueltas a la honda, hacerlo con fuerza, intensidad y determinación y dejar la puntería, solo la puntería, a Dios.

## El valor de los emprendedores

Los emprendedores son hombres y mujeres que han vencido el miedo y se han lanzado a pesar de los pronósticos negativos. Arrojarse en busca de nuevas oportunidades requiere valor. Josué necesitó valor y Dios le dijo: "Esfuérzate y sé valiente"[53].

Existen empresarios con bajo nivel de formación educativa, con menos estudios que sus ejecutivos, y a pesar de no haber asistido a una universidad, poseen compañías multimillonarias. Puede que no manejen la tecnología y tal vez, ni siquiera el arte de tratar a las personas. Entonces, mi pregunta para usted es: ¿Qué ha llevado a esos líderes a ser exitosos? Mi respuesta: *"La cicatriz del valor"*. Valor para enfrentar lo desconocido, para no temer a las inversiones y para tomarse el riesgo que la mayoría de las personas no están dispuestas a correr. Se requiere mucha firmeza y cora-

---
53  Josué 1:9 (VRV 60)

je para salir de la zona de "confort" y arriesgarse a lo desconocido, pero solo aquellos que lo hacen tendrán la oportunidad de emprender grandes conquistas.

## Veamos en la Biblia líderes que se arriesgaron

**Moisés,** aún considerándose a sí mismo torpe, debió arriesgarse y de hecho, Dios llegó a impacientarse a causa del miedo de éste[54]. **Josué** enfrentó el miedo y Dios le dijo: "esfuérzate y sé valiente"[55]. **Gedeón,** escondido en el fondo de un lagar, a causa de los madianitas, se decía *"soy el más débil de la familia más débil, de la tribu más débil"*[56]; Dios le infundió tanto valor que le cortó la cabeza a la estatua más importante de aquel pueblo idólatra y desde entonces fue tenido por valiente[57]. **Daniel** tuvo el valor de orar en público, aún habiéndosele prohibido[58]; **Isaías** tuvo duramente que decir la verdad al pueblo y a sus reyes, haciendo denuncias sociales y políticas y la más importante: la llegada del Mesías[59]. **Jeremías** tuvo que enfrentar toda una generación con un mensaje desagradable

---

54 Exodo 4:10-11 (VRV 60)
55 Josué 1:7 (VRV 60)
56 Interpretación propia del autor
57 Josué 6:11-29 (VRV 60)
58 Daniel 6:10 (VRV 60)
59 Isaías 7: 1-7 (VRV 60)

que le costó persecución y cárcel[60]. **Ezequiel**, igual tuvo que tener valor para llevar un mensaje de juicio, valiéndose de extraños recursos por órdenes de Dios[61]. **Nehemías** enfrentaba a los enemigos con una mano y construía con la otra[62]. Y en el nuevo testamento vemos que **Pedro**[63] tuvo miedo de enfrentar la multitud y sus nervios lo llevaron a negar a **Cristo** tres veces. Luego que Jesús lo sana, es Pedro el que dice: "¿Obedeceremos a los hombres antes que a Dios?"[64], demostrando que ya no tenía miedo. **Pablo** fue un hombre de valor y su llamado fue un llamado al sufrimiento. Dios le dijo a Ananías: "Le mostraré cuánto habrá de sufrir por causa de mi nombre"[65]. **Juan** tuvo que sufrir el destierro en la isla de Patmos, y allí se le da la revelación del apocalipsis. ¿Cree usted que fue exiliado por cobarde? ¡No!, fue desterrado por decir las cosas que Dios le había mandado que dijera. Y el Señor le entregó el siguiente mensaje: "Escribe al ángel de la iglesia en Filadelfia: Esto dice el Santo, el Verdadero, el que tiene la llave de David, el que abre y ninguno cierra, y cierra y ninguno abre: Yo conozco tus obras; he aquí, he puesto delante de ti

---

60   Jeremías 37 (VRV 60)
61   Ezequiel 6:1-7 (VRV 60)
62   Nehemías 4:17 (VRV 60)
63   Mateo 26:24 (VRV 60)
64   Hechos 4:19 (VRV 60)
65   Hechos 9:16 (VRV 60)

una puerta abierta, la cual nadie puede cerrar; porque aunque tienes poca fuerza, has guardado mi palabra, y no has negado mi nombre"[66]. La mayor muestra de valor: *nuestro Señor **Jesucristo***, que murió en una cruz a pesar de no haberlo merecido, siendo molido por nuestra rebeliones y recibiendo el castigo a cambio de nuestra paz[67].

Al final de nuestra jornada en la vida, Dios no reconocerá nuestra fuerza, reconocerá nuestro coraje como líderes, para hacer valer su palabra en medio de nuestro equipo. Tú y yo como líderes necesitamos tener la esperanza de escuchar estas palabras de parte de Dios: "...Porque aunque tienes pocas fuerzas, has guardado mi palabra, y no has negado mi nombre"[68].

### El valor está lleno de miedos

Cuando hablo de *"no temer"* no me refiero a que literalmente no se debe sentir miedo, sino a que el líder debe actuar por encima de él. Toda obra grande trae consigo grandes temores. Los grandes hombres las han construido con más miedo que cemento, pero ahí están.

---

66   Apocalipsis 3:7-8 (VRV 60)
67   Mateo 27: 22-26, Isaías 53:5 (VRV 60)
68   Apocalipsis 3:11 (VRV 60)

El miedo no es la ausencia de valor, es la ausencia de fe. Cuando creemos en la cobertura de Dios en nuestra vida, los miedos pueden ser naturales, pero no obsesivos. Podemos reaccionar de manera normal ante algo que nos amenace, pero no reaccionamos con cobardía ante los retos que tenemos por delante.

## La gran conquista de David

El logro de David no fue vencer a Goliat. Su mayor logro fue enfrentarlo. El hecho de haberlo desafiado, lo convirtió en un líder. Esta hazaña trajo consigo el resurgimiento de la moral del ejército, además de fe y unidad. Todos estaban a una, apoyándolo, pues David era su única esperanza. Las posibilidades eran de 1%, pero aún así, el pueblo salió a apoyar a su competidor. Yo creo que aun si David hubiera perdido, su valentía iba a dar ánimo a otros para intentarlo: *"Si este jovencito lo intentó, yo lo intentaré"*.

> El gran logro de David no fue vencer al gigante: fue enfrentarlo.

Mi opinión y la propia experiencia me han enseñado que el liderazgo por *valor* no se consigue con las victorias solamente, se consigue también con las heridas y las derrotas. Cuando recibas una derrota, si tu equipo está consciente de que has dado lo mejor de ti y has actuado con valor y entereza, entonces tu liderazgo crecerá. Quizás los resultados en el momento no son los que esperas, pero tarde o temprano serás reivindicado y los frutos de tu valor y firmeza no se harán esperar.

David venció a Goliat y esto le dio la entrada oficial al alto rango militar del reino. Ya era un guerrero consumado, era el hombre a seguir. En todas las comunidades, el más valiente produce un tipo de liderazgo. David fue entonces el hombre del momento, no por su tamaño, no por su poder, no por su capacidad política, sino por su valor y su fe. Ese valor no estaba basado en sus habilidades, sino en sus experiencias con Dios y lo que había fortalecido su fe. El líder está llamado a liderar procesos, estrategias, cambios, conflictos e incertidumbres. Para hacer esto se necesita haber cicatrizado el temor y sellar el cuerpo con la cicatriz del valor que le ayudará a estar claro y firme ante las decisiones que se deben tomar.

# CAPÍTULO 3
# LA CICATRIZ DE LA PACIENCIA

• • • • • • • • • • • • • • • • • • • • • • • • •

*La corona del buen juicio es la paciencia;*
*su gloria es pasar por alto la ofensa.*
PROVERBIOS 19:11

## Capítulo 3
## La Cicatriz de la Paciencia

Posiblemente eran las 12:00 del día cuando la improvisada procesión militar iba subiendo la cuesta de la montaña. Iban cabizbajos, pensativos e impotentes. El ambiente estaba tenso, el rey hacía silencio, nadie decía una palabra. ***Cuando el rey calla, nadie quiere hablar.*** Estos pensamientos posiblemente invadían las mentes de los seguidores del rey. "¡Todo aquello que hemos conquistado, nuestros tesoros, nuestras tierras, nuestros muebles, todo se ha quedado en el pueblo! Deberíamos pelear. ¡Claro que debemos hacerlo! No es justo perderlo todo de la noche a la mañana."

Al otro lado del camino, un apresurado hombre viene hacia ellos. Solo se escuchan los murmullos, pero nadie entiende nada de lo que dice. Sigue su agitado curso hacia la procesión y las palabras que vocifera empiezan a entendérseles: ¡Largo de aquí! ¡Asesino! ¡Canalla! El Señor te está dando tu merecido, por haber masacrado a la familia de Saúl para reinar en su lugar. Por eso el Señor le ha entregado el reino a tu hijo Absalón. Has caído en desgracia, porque eres un asesino.[69]

Dios vio en David el hombre que buscaba, conforme a su corazón, según nos dice la Biblia. Fue escogido como rey en lugar de Saúl. David hizo todo lo posible por respetar la vida y el reino de Saúl, al punto de que mató al amalecita que le ayudó a suicidarse[70]; sin embargo, este hombre, cuyo nombre era Simei, veía las cosas totalmente diferentes en vista de que era pariente del rey Saúl. Esto es algo bien interesante que debemos aprender: la persona que usted sustituye tiende a tener reservas en contra de su liderazgo. Cuando tocas el interés de alguien nunca esperes flores, siempre te lanzará piedras.

Los oficiales de David se indignaron, ¡no podían tolerar esto! Abisay hijo de Sarvia le dijo al rey: "¿Cómo se atreve este perro muerto a maldecir a Su Majestad? ¡Déjeme que vaya y le corte la cabeza!".[71]

Esta fue la misma reacción de los apóstoles contra los samaritanos cuando: "Viendo esto sus discípulos Jacobo y Juan, dijeron: Señor, ¿quieres que mandemos que descienda FUEGO del cielo, como hizo

---

69  Palabras del autor de 2 Samuel 16: 5-8
70  2 Samuel 1:1-16 (VRV 60)
71  2 Samuel 16:9 (VRV 60)

Elías, y los consuma?[72] Era evidente que Abisay, igual que Juan y Jacobo, no llevaba en su cuerpo la cicatriz de la paciencia.

Cuando nos insultan, nos ultrajan o nos sentimos indignados, lo normal es que reaccionemos de inmediato. Sin embargo, David llevaba consigo la cicatriz de la paciencia y la evidencia es la respuesta que da a su soldado: "Este no es asunto mío ni de ustedes, hijos de Sarvia. A lo mejor el Señor le ha ordenado que me maldiga. Y si es así, ¿quién se lo puede reclamar?".[73]

Dirigiéndose a Abisay y a todos sus oficiales, David añadió: "Si el hijo de mis entrañas intenta quitarme la vida, ¡qué no puedo esperar de este benjaminita! Déjenlo que me maldiga, pues el Señor se lo ha mandado. A lo mejor el Señor toma en cuenta mi aflicción y me paga con bendiciones las maldiciones que estoy recibiendo".[74]

Esta es una muestra contundente de paciencia. Cuando caemos, algunos caminarán con nosotros, otros nos van a apedrear. Toda posición de liderazgo genera algún tipo de fricción. E. J. Brignes dijo: "El ejercicio de la autoridad es siempre adecuado para provocar resentimientos". David, consciente de esto,

---
72  Lucas 9:54 (VRV 60)
73  2 Samuel 16:11 (VRV 60)
74  2 Samuel 16:11-12 (VRV 60)

responde a sus soldados con suma delicadeza y esto nos enseña cuán importante es la paciencia ante las actuaciones imprudentes de los demás.

## La paciencia se consigue con el tiempo

David no siempre fue un hombre tolerante. En una ocasión envió una solicitud especial a un hombre llamado Nabal, que era muy rico. Nabal tenía más de mil cabras y tres mil ovejas; tenía pastores y mucha tierra. David conocía a sus hombres y los había protegido en el desierto para que no le robaran su ganado. Confiado en que la gente paga "bien por bien", solicitó a aquel hombre una ayuda para su ejército, que estaba compuesto por unos 600 hombres armados. Este fue el mensaje de David: "Sea paz a ti, y paz a tu familia, y paz a todo cuanto tienes. He sabido que tienes esquiladores. Ahora, tus pastores han estado con nosotros; no les tratamos mal, ni les faltó nada en todo el tiempo que han estado en Carmel. Pregunta a tus criados, y ellos te lo dirán. Hallen, por tanto, estos jóvenes gracia en tus ojos, porque hemos venido en buen día; te ruego que des lo que tuvieres a mano a tus siervos, y a tu hijo David".[75]

---

75  1 Samuel 25:9 (VRV 60)

Cuando llegaron los jóvenes enviados por David, dijeron a Nabal todas estas palabras en nombre de David, y callaron. Nabal respondió a los jóvenes: "¿Quién es David, y quién es el hijo de Isaí? Muchos siervos hay hoy que huyen de sus señores. ¿He de tomar yo ahora mi pan, mi agua, y la carne que he preparado para mis esquiladores, y darla a hombres que no sé de dónde son"?[76]

Y los jóvenes que había enviado David se devolvieron y dijeron a David todas estas palabras. Bueno, el nombre de Nabal significa "necio" y ciertamente que de manera necia contestó a David. Su actitud fue arrogante y desafiante. Entonces David dijo a sus hombres: "Cíñase cada uno su espada. Y se ciñó cada uno su espada y también David se ciñó su espada; y subieron tras David como cuatrocientos hombres, y dejaron doscientos con el bagaje".[77]

Sin decir mucho, David solo le pide a sus hombres que se ciñan la espada, como para una guerra. Se hace acompañar por 400 hombres y se dirige a las tierras de Nabal. Un criado se enteró del asunto y pronto fue donde la esposa de Nabal, una mujer hermosa e inteligente llamada Abigaíl. Ella, que conocía y definía a su esposo como un hombre perverso, le

---
76   1 Samuel 25:10 (VRV 60)
77   1 Samuel 25:13 (VRV 60)

sale al encuentro. Postrándose a sus pies, le pide que no tome en cuenta lo que su esposo había dicho y que no les hiciera pagar a ella y toda la casa por el mal de Nabal. Le llevó pan y provisiones, y allí concluyó el asunto[78].

## La impaciencia: hermana de la necedad

Pues bien, aquí tenemos dos líderes: uno joven, cuyos bríos de poder no le dejaban pasar por alto nada que fuera ofensivo; y otro viejo, cuya necedad no le dejaba aprovechar las enseñanzas y experiencias que proporciona el tiempo. Tanto la actitud de David como la de Nabal demuestran que ninguno había sido purificado por el tiempo y las experiencias del liderazgo. Posiblemente David tendría razones para actuar, ya que fue vejado por alguien que le debía un favor. Nabal, por otro lado, a pesar de los años y de todo lo que poseía, se mantenía insensato y arrogante. Aunque no conocía personalmente a David, seguramente había escuchado hablar de aquel que venció al gigante Goliat y que enfrentarlo, más que una necedad, era una provocación.

Aunque la necedad no tiene edad, lo normal es que con los años el ser humano se vuelva más pacien-

---

78   1 Samuel 25:14-35 (VRV 60)

te y menos impulsivo, ya que con el pasar del tiempo vamos viendo que la impaciencia y la desesperación no producen resultados positivos y si nos dejamos guiar por éstos, llevaremos el grupo a cometer errores que luego lamentaremos. Gracias a la intervención de aquella mujer, David fue librado de cometer ese error, lo que nos demuestra que él adquirió la cicatriz de la paciencia, con los años y los hechos.

## El regreso de David

David continuó su agitado curso hacia su destino final, entendiendo que la intolerancia no es de sabios. Pasaron los días, la revuelta terminó con algunos sucesos lamentables, precisamente provocados por los hijos de Sarvia, quienes dieron muerte a Absalón a pesar de que David había advertido que no lo hicieran[79]. El rey viene de regreso a su palacio para retomar el poder. A su retorno se encuentra con el mismo hombre, ese que unos días antes le había dicho: *"perro muerto"* y *"asesino"*. Ahora se requiere una doble dosis de paciencia para no vengarse de aquellos que vilmente le ofendieron. Veamos lo que pasó: "Simei hijo de Guerá se inclinó ante él y le dijo: Ruego a mi señor el rey que no tome en cuenta mi delito ni

---
79   2 Samuel 2:13 (VRV 60)

recuerde el mal que hizo este servidor suyo el día en que Su Majestad salió de Jerusalén. Le ruego a Su Majestad que olvide eso. Reconozco que he pecado y por eso hoy, de toda la tribu de José, he sido el primero en salir a recibir a mi señor el rey".

Pero Abisay hijo de Sarvia exclamó: ¡Simei maldijo al *ungido del Señor, y merece la muerte!

David respondió: Hijos de Sarvia, esto no es asunto de ustedes, sino mío. Están actuando como si fueran mis adversarios. ¿Cómo va a morir hoy alguien del pueblo, cuando precisamente en este día vuelvo a ser rey de Israel? –Y dirigiéndose a Simei, el rey le juró: ¡No morirás![80]

No sé cómo usted puede llamarle a esto, pero yo le llamo "paciencia". La paciencia que dan los años, la experiencia y los golpes en la vida hacen que uno no se inmute ante el atropello de otros. No obstante, aunque David no estaba dispuesto a permitir que un incidente menor le hiciera perder la gloria de su liderazgo y la bendición del retorno, uno de sus seguidores no pensaba igual, su deseo era dar riendas sueltas a la venganza. Abisay era reincidente en el tema de la violencia. Aparentemente este joven tenía una ira interior que no lo dejaba pasar por alto detalles como el acontecido. De este tipo de personas están llenas

---

80  2 Samuel 19:19-21 (VRV 60)

las organizaciones: los intolerantes, los psicorrígidos y los partidarios de las lapidaciones.

Otra evidencia de que David había cultivado la paciencia, la encontramos de regreso al pueblo, en el camino de la montaña. David es recibido por un joven discapacitado. Este joven era el hijo de Jonatán y nieto de Saúl, a quien David había rescatado cuando se hallaba perdido y olvidado; lo sentaba a comer en su mesa real y le había devuelto todas las tierras de su abuelo, le suplió todo lo que necesitaba y asignó criados para que lo atendieran[81]. Sin embargo, cuando David huía hacia la montaña había preguntado a Siba criado de Mefiboset, si éste le acompañaría, y Siba respondió: "He aquí él se ha quedado en Jerusalén, porque ha dicho: Hoy me devolverá la casa de Israel el reino de mi padre". Así que David le contestó lo siguiente: "He aquí, sea tuyo todo lo que tiene Mefiboset".[82]

Detengámonos aquí y revisemos bien este último verso. Estamos hablando del nieto de Saúl, el hijo de Jonatán, a quien David había puesto en su palacio. Es de suponer que la indignación de David debió de ser grande al ver una traición por parte de alguien a quien él había acogido. Veamos lo que pasa de nuevo al regreso, ahora con Mefiboset. "También Mefiboset, el

---

81   2 Samuel 9:11 (VRV 60)
82   Samuel 16:1-4 (VRV 60)

nieto de Saúl, salió a recibir al rey. No se había lavado los pies ni la ropa, ni se había recortado el bigote, desde el día en que el rey tuvo que irse hasta que regresó sano y salvo. Cuando llegó de Jerusalén para recibir al rey, éste le preguntó: Mefiboset, ¿por qué no viniste conmigo?[83]. Mi señor y rey, como este servidor suyo es cojo, yo quería que me aparejaran un asno para montar y así poder acompañarlo. Pero mi criado Siba me traicionó, y ahora me ha calumniado ante Su Majestad. Sin embargo, Su Majestad es como un ángel de Dios y puede hacer conmigo lo que mejor le parezca. No hay nadie en mi familia paterna que no merezca la muerte en presencia de mi señor el rey. A pesar de eso, Su Majestad le concedió a este servidor suyo comer en la mesa real. ¿Qué derecho tengo de pedirle algo más a Su Majestad? El rey le dijo: No tienes que dar más explicaciones. Ya he decidido que tú y Siba se repartan las tierras. Él puede quedarse con todo, le respondió Mefiboset; a mí me basta con que mi señor el rey haya regresado a su palacio sano y salvo"[84]. Esto es un caso serio, ahora el rey no sabe qué hacer, no sabe quién tiene la verdad y lo cierto es que deja el asunto así: repártanse la tierra y hagan lo que ustedes entiendan. En la vida de liderazgo, en algunas ocasiones, será di-

---

83  2 Samuel 19:24-25 (VRV 60)
84  1 Samuel 19:26-30 (VRV 60)

fícil discernir dónde está la verdad y habrá que tomar decisiones sin tener toda la información necesaria. No se turbe, hay que tomar una decisión y seguir adelante, no importa la que tome, siempre habrá quien la cuestione. Patrick Lencioni dice: "Una de las tentaciones del gerente es querer tener toda la información a mano antes de tomar una decisión"[85]. De tal forma que David actuó conforme a sus instintos.

## David y sus consejos finales a Salomón

Al finalizar sus días, David aconseja a su hijo Salomón y respecto a la gente que va a quedar a su alrededor cuando él muera. Y el rey instruye a su hijo sobre dos personas: la primera de ellas es Joab, un hijo que se vendió como su protector y terminó siendo un rebelde y un asesino. Esto nos enseña que aquel que es violento en contra de nuestros enemigos, puede ser violento en contra nuestra. Joab, al igual que su hermano, se convirtió en un dolor de cabeza para David: mató a varios generales y asesinó a Absalón, el hijo de David. Con el tiempo fue un enemigo solapado del Rey. El otro es Simei, el pariente de Saúl, quien le había apedreado e insultado en el camino y a quien David le perdonó la vida en dos ocasiones. Fíjese que las mismas dos familias continúan en el escenario

---
[85] Las 5 Tentaciones del Gerente, Patrick Lencini

de confrontación en la vida de David. Esto refleja que David supo vivir con sus enemigos, y pudo mantenerlos en su lugar sin que esto le impidiera hacer su labor, lo que indiscutiblemente encierra un mensaje para aquellos líderes que entienden que la única salida para el enemigo es aplastarlo. Esta era la sugerencia en el mundo, pero el Señor nos enseña a bendecir y amar a nuestros enemigos. Y esto nos pone en claro dos cosas: La primera, que tendremos enemigos, y que estarán dentro y fuera del grupo. La segunda, que nuestra respuesta al enemigo, que se nos opone abiertamente, aunque a veces no quisiéramos lo mejor para ellos, es la tolerancia, la mejor respuesta para aprender a vivir con ellos amándolos, por amor a Cristo y obediencia a su palabra. Tenemos que aprender a vivir con ellos y amarlos. Eso es algo parecido a masticar vidrios, pero de nuevo el ejemplo de Jesús nos confronta, nos deja sin argumentos y nos dice: ¡Nadie puede hablarme de sufrimiento! *"Despreciado y desechado entre los hombres, varón de dolores, experimentado en quebranto; y como que escondimos de él el rostro, fue menospreciado, y no lo estimamos. Ciertamente llevó él nuestras enfermedades, y sufrió nuestros dolores; y nosotros le tuvimos por azotado, por herido de Dios y abatido".*[86]

---

86  Isaías 53:3-4 (VRV 60)

# CAPÍTULO 4
## LA CICATRIZ DE LA ORACIÓN

*¿Acaso piensas que no puedo ahora
ORAR a mi Padre,
y que él no me daría
más de doce legiones de ángeles?*
MATEO 26:53

## Capítulo 4
## La Cicatriz de la Oración

—¡*No puede ser. Eso no puede estar pasando. Yo lo conozco y sé que no me haría algo así! Búsquenlo y tráiganlo ante mi presencia, debo comprobar por mí mismo que eso es cierto.* —De inmediato una delegación salió en busca del reo y lo encontraron con las manos en la masa, lo encontraron orando.

La vida de Daniel es de mucho ejemplo para todo líder. Daniel fue ministro consejero de tres reyes diferentes, algo que no resulta muy fácil y habría que manejarse con mucha sabiduría para poder permanecer estos tres reinados. ¿Cuál habrá sido la clave para que este hombre pudiera sobrevivir a tres reyes distintos? Véalo por usted mismo, de acuerdo a lo que nos dice la Biblia: "Y cuando Daniel supo que el decreto había sido firmado, se fue a su casa, abrió las ventanas de su dormitorio, el cual estaba orientado hacia Jerusalén, y se arrodilló para orar y alabar a Dios. Esto lo hacía tres veces al día, tal como siempre lo había hecho".[87] El secreto de Daniel era la oración.

La cicatriz de la oración ha marcado a muchos hombres que han entendido que después de intentarlo todo y no lograr ningún resultado, la oración fue su mayor tesoro, su mayor oportunidad. La ventaja de Daniel fue que no esperaba que las cosas fueran mal para orar, él lo hacía todos los días, a fin de que las cosas anduvieran bien.

Veamos la historia con mayores detalles: Daniel era un hombre de estado, un miembro del equipo de consejeros del rey. La Biblia dice que tenía un espíritu superior y el rey estaba pensando ponerlo sobre todo el reino; es decir, el hombre más importante del reino después del rey. Pero esto era un problema y más adelante veremos por qué. El simple hecho de ser líder traerá de inmediato el ataque y las malas intenciones de algunos de los que te rodean.

En una ocasión un sapo aplastó a una luciérnaga y la luciérnaga preguntó: ¿Por qué me aplastas? El sapo le respondió: ¿Por qué brillas? Esta es una regla oculta en el liderazgo.

Vemos que Daniel era un hombre íntegro y trabajador, a tal punto que intentaron de diferentes formas inculparlo, pero fue imposible encontrar algo en su

---

87  Daniel 6:10 (VRV 60)

contra. No había una sola brecha por la cual sus enemigos pudieran atacarlo.

## La integridad no es chaleco antibalas

Cuando el enemigo no encuentra una falta en tu contra, ¿sabes lo que hace? Va a inventar una especial para ti. Te va a fabricar una trampa a la medida. Esto puede ser cruel, puede ser triste, pero es real. Esto fue lo que pasó con Daniel. Siguieron pensando en el asunto y dijeron: "No encontraremos ningún motivo para acusar a Daniel, a no ser algo que tenga que ver con su religión"[88]. Observe bien que ellos empezaron a buscar una forma de hacer caer a Daniel y encontraron la única forma en la que Daniel podría caer: la oración. Técnicamente, no se supone que la oración es motivo para hacer caer a nadie; en tal sentido, su plan no les serviría de mucho.

Los compañeros de trabajo de Daniel se organizaron y calcularon alguna forma de hacer que él cometiera un error, pero no encontraron falta alguna, ni errores administrativos ni debilidades humanas. Por eso llegaron a la siguiente conclusión: Daniel no puede ser atacado directamente, él no tiene errores para ser cuestionado.

---

88   Daniel 6:6 (VRV 60)

Pasa el tiempo. A uno de los contrarios se le ocurrió una brillantísima idea: ¡Eureka, usaremos al rey!

—¿Cómo que al rey? –preguntaría su compañero.

—Bueno, aprovecharemos su sed de reconocimiento, su necesidad de ser adulado. Iremos donde él y le propondremos lo siguiente: Nadie debe ser adorado, sino tú, querido rey, y que todo aquel que desobedezca esta ley sea echado en el foso de los leones.

—Sí, ¿pero eso qué tiene que ver con Daniel?

—Entiendan: ustedes saben que Daniel no puede dejar de orar, él no aceptará esta ley y hará lo que siempre hace, orar, y entonces estará en nuestras manos.

El plan era perfecto. De esta forma lo orquestaron, sin pensar en Daniel, sino pensando en la debilidad de quien estaba en la cima. Este es un mensaje muy interesante para quienes están en posiciones intermedias. El líder de mayor jerarquía en la institución siempre será susceptible de adulación. Esta adulación lo ciega y le hace cometer errores graves, errores aún en contra de sus hombres de mayor confianza. Esto mismo fue lo que hizo Saúl en contra de David: una y otra vez intentó matarlo por celos de poder[89].

El líder de las altas instancias es un blanco fácil. Esta persona siempre encontrará a alguien que le haga creer que es el centro del universo. Es parte

---

89  1 Samuel 19:10-15, 20:23, 23:8-15 (VRV 60)

del juego político y en toda institución importante habrá un orden, habrá líderes, seguidores, trabajadores, administrativos, obreros, suplidores, contrarios internos, contrarios externos, nuevos aspirantes a tu posición, que suelen ser contrarios inconscientes, etc. Poder sobrevivir con todos estos actores es un reto, y ser el líder entre ellos es una odisea.

Normalmente, el que más trabaja, el más honrado, no es quien está más cercano al líder y en ocasiones, incluso el hecho de usted trabajar mucho, puede convertirse en un escollo para su crecimiento. Por ejemplo, cuando David regresó de la batalla, las mujeres gritaban y cantaban lo siguiente: "Saúl mató a sus miles y David a sus diez miles.[90] Esto irritó grandemente a Saúl, pues lo que empezó a importarle no fue que el ejército ganara, sino que su gloria personal estaba en juego.

Volviendo a Daniel, éste se enteró del edicto que había sido firmado, pero hizo silencio. Daniel no era un político, ni hombre de mayorías, adulador de reyes, era un hombre de Oración. Él llevaba consigo la fuerte cicatriz de la oración. Por ello, no se amilanó, no hizo un motín frente al palacio, no renunció públicamente a su cargo al no ser tomado en cuenta ni entró en contiendas. ¿Qué hizo Daniel? Hizo lo que

---

90  1 Samuel 18:7 (VRV 60)

un líder sabio debe hacer: orar y pedir a Dios justicia. Fue a su habitación e hizo con entereza y valentía lo que estaba acostumbrado a hacer. Abrió sus ventanas y oró públicamente, no para que lo vieran, sino porque era su costumbre. Él no tenía miedo, la oración le daba las fuerzas para continuar.

## Oración vs discusión

En mi experiencia personal en la solución de conflictos, he visto cómo las personas, en lugar de orar, prefieren discutir, sin darse cuenta que discutir es perder el tiempo y ganar contrarios. Orar es ganar gracia y solucionar conflictos. Cuando por alguna razón se requiere que una persona salga de una institución, algunos lo toman bien, pero otras se amotinan, o van a la acera del frente y empiezan a tirar piedras contra el lugar que era excelente hasta que ellos salieron. Esto nos hace ver muy inmaduros y hace que los demás nos pierdan el respeto.

Muy pocas personas están preparadas para aceptar una decisión injusta, pero el liderazgo está lleno de decisiones injustas, de situaciones que usted no comprende. La experiencia nos enseña que solo el tiempo y la oración podrán aclarar las cosas.

## Daniel condenado

"¿No has confirmado edicto que cualquiera que en el espacio de treinta días pida a cualquier dios u hombre fuera de ti, oh rey, sea echado en el foso de los leones?" [91] Observe que ésta es una pregunta con una respuesta sugerida, es también provocadora de ira. Supongo que los sátrapas agregarían preguntas como éstas: ¿Cómo es posible que te falten al respeto? ¿Que a ti, el benefactor, te hagan esto? ¡No puede ser! La gente es mala, ¡la gente no vale la pena! Todo esto adorna el comentario adulador en contra de Daniel, a fin de provocar la decisión irrevocable del rey, quien dijo: "Verdad es, conforme a la ley de Media y Persia, la cual no puede ser abrogada". Ellos dicen: "Daniel, que es de los hijos de los cautivos de Judá, no te respeta a ti, oh rey, ni acata el edicto que confirmaste, sino que tres veces al día hace su petición"[92]. Ahí es cuando el rey se da cuenta de que ha caído en una trampa. Entonces viene el lamento: "¡Ay, Daniel!, ¿qué he hecho? ¿Cómo pude hacer esto?" De esta forma empieza a buscar argumentos, oportunidades, brechas de escape para salvar a su hombre de confianza, pero no puede. "Cuando el rey oyó el asunto,

---

91   Daniel 6:12 (VRV 60)
92   Daniel 6:13 (VRV 60)

le pesó en gran manera y resolvió librar a Daniel; y hasta la puesta del sol trabajó para librarle"[93]. Hay momentos en el liderazgo donde nadie podrá librarte de una condena. Las normas están establecidas, tú las violaste. A veces esas normas son injustas, pero son las normas y con ellas te condenarán. A veces las mismas han sido escritas para que caigas en ellas, pero ya son la ley, y no hay nada que hacer. Daniel sabía que había violado la ley, que había incumplido con el edicto del rey. El caer en el foso de los leones fue su elección. Él decidió entre su vida de oración o el foso de los leones y prefirió el foso de los leones.

**Dos grandes enseñanzas**

Daniel no puso en juego su integridad para seguir ocupando su puesto de asesor real. Él prefirió poner en riesgo su vida, antes que serle infiel a Dios.

En el proceso de liderazgo habrá muchas oportunidades para continuar ocupando nuestros puestos, pero éstas podrían tener un precio: la integridad. No tendrá que hacer mucho esfuerzo, simplemente se hará el inocente, el indiferente, o el de la vista gorda. Por ejemplo: Daniel pudo haber cerrado las ventanas o cambiarse de lugar, eximirse de orar durante treinta

---
93   Daniel 12:14 (VRV 60)

días a la luz del día y hacerlo de noche, lo cual sería igual, era el mismo Dios. Además él estaba en un país extranjero, nadie lo estaba supervisando, no tenía que rendir cuenta de sus decisiones. De esta forma tuvo libertad humana para hacer lo que él quisiera. Sin embargo, por encima de todo esto, estaban sus valores, sus principios y su fe.

*La Oración es el recurso de mayor poder para el líder.* La oración no es solo el recurso para el hombre enfermo o para la mujer sin hijos; también es el recurso de mayor poder para el líder. El líder entiende con las heridas que la oración es más poderosa que la conspiración. Aprende que estar tranquilo, de rodillas, es más poderoso que estar de pie y en actividad.

Daniel fue llevado al foso. Si usted observa la escritura descubrirá que él no hizo resistencia, él no acusó a nadie, no se defendió ante el rey y reconoció que esa había sido su elección. Él iba a pagar por las consecuencias y no estaba convencido de que Dios lo iba a sacar del foso de los leones. Pasó algo parecido con tres de sus amigos, a quienes lo metieron al horno de fuego por algo similar. Ellos dijeron: "No es necesario que te respondamos sobre este asunto. He aquí nuestro Dios, a quien servimos, puede librarnos del horno de fuego ardiendo; y de tu mano, oh rey, nos librará. Y si no, sepas, oh rey, que no serviremos a tus dioses, ni tampoco adoraremos la estatua que has levantado"[94]. Yo pienso que Daniel estaba actuando de la misma forma. En ocasiones no somos tan perfectos como lo fue Daniel. De vez en cuando cometemos errores reales y la gente nos ataca. Lo cierto es que si fallamos es normal que nos juzguen. El fallo genera críticas y el nivel de las críticas no lo decidimos nosotros, lo decide el público. Por eso mi consejo es: Lo conveniente cuando hemos fallado es hacer silencio y orar. Ese no es momento de defensa, de manipulaciones o de buscar el apoyo de nuestro grupo.

Cuando hablo de nuestro grupo, hablo de aquellos que son incondicionales. Uno de los errores más desafortunados del líder es hacer uso de estos seguidores y tomarlos como su posesión para emprender su lucha y armar una revuelta. Empiezan las amenazas: "Si no hacen esto, yo hago lo otro." "Si me maltratan yo me llevo mi grupo." "Si me siguen cuestionando van a pagar las consecuencias". Cuando adoptas este tipo de actitud, tienes las heridas abiertas y las dejas abiertas en los demás. Esto provoca muchas divisiones en las instituciones, crea pugnas internas que echan por la borda no solo tu trabajo, sino el trabajo

---

94  Daniel 3:17-19 (VRV 60)

de todos los que te han antecedido. ¿Cuál es la opción que tiene el líder cuando las cosas se ponen feas? Orar y esperar que el ambiente cambie; orar para que Dios saque a flote la verdad. Este proceso no siempre es fácil, no dura un día, a veces dura años. Este juicio que le hicieron a Daniel tardó unos días y el ver los resultados también, pero es un ejemplo de todo lo que puede pasar en nuestro proceso: una trama, una acusación, un juicio, una condena, cumplir la condena y salir del calabozo. Daniel cumplió la condena. Era de un día, pues solo se requiere menos de una hora para que los leones devoren a un hombre, pero un día puede equivaler a 10 años, puede equivaler a los latigazos que recibió Pablo cuando estaba encarcelado, a los más de 20 años de Mandela en la cárcel; en fin, este día es un ejemplo del proceso al que podemos ser sometidos.

Todo el proceso encontró a Daniel asido a su mejor amiga, su mejor arma: "la oración". Con la oración pudo derribar los argumentos de sus enemigos. Esta oración la acompañó de silencio, de paz y de respeto por su rey y por la institución.

¡Llegó la hora! Daniel es llevado al foso de los leones y las puertas fueron cerradas con una piedra grande. No había escapatoria, no había brecha, no había posibilidades. Daniel fue condenado a muerte.

En cuanto a lo que depende de los hombres, todo se había consumado. Fíjese, y no hizo el esfuerzo para que así fuera. Fue llevado como oveja al matadero con toda mansedumbre. Daniel no pudo impedirlo y no hizo el esfuerzo para que fuera así.

Hace unos días vi de cerca un león. Claro que era un cachorro con apenas 3 meses de nacido. El celador me dijo que este pequeño animal tiene en la mandíbula la fuerza de un perro *Rottweiler* adulto. Seguramente ha podido observar en algún documental, cómo las leonas atrapan un ñu o una cebra y lo dominan completamente. Tomando en consideración que trabajan en equipo, visualizando su presa desde diferentes ángulos, es de saber que para los leones del foso iba a ser fácil devorar a Daniel. Como en un reinado el rey no tiene control de todos los aspectos administrativos, hay gente que por detrás controlan todo y saben dónde están las cosas. Probablemente —y de manera particular yo me atrevería a asegurarlo–, los que orquestaron la trama en su contra, habían planeado hacerlo cuando los leones estuvieran hambrientos. Esta hipótesis está sustentada en el hecho de que, al día siguiente, después de que Daniel fuera sacado del foso, aquellos que lo acusaron fueron lanzados al hoyo, y aún no habían llegado al fondo cuando los leones se apoderaron de ellos y los despedazaron.[95] El punto es que la prueba a la que fue sometido Daniel no fue fácil, fue algo minuciosamente planeado y difícil, cruel e inhumano.

Al ver esto podemos entender cómo es el liderazgo, cómo los líderes son sometidos en ocasiones a procesos tortuosos. Esto no siempre es así. Gracias a Dios, hay instituciones donde ser líder es una bendición; pero por otro lado, aprendemos que las heridas son parte del liderazgo y de esos ejemplos está llena la Biblia. Recordemos que a Moisés lo acusaron una y otra vez de irresponsable, a Samuel lo desecharon, a David lo atacaron de todas las formas posibles y con *Cristo* se consumó el mayor hecho de barbarie. Es indescriptible todo lo que el Mesías padeció por causa de la naturaleza humana. Y no me refiero exclusivamente a sus enemigos, sino a sus amigos y compañeros íntimos.

Ser líder es algo especial; ser líder es un privilegio que solo se le puede dar a algunos, pero en ninguna manera es un lujo, sino un reto. Bien sea de un grupo pequeño, o bien sea grande, ser líder constituye un desafío: el de estar de acuerdo con todos o no estarlo, el de escuchar a todos los miembros sin que nadie se sienta ofendido, el reto de ser amigo de los buenos y los malos (?) y el de soportar las descargas del mando.

---

95    Daniel 6:24 (VRV 60)

Hace unos años, mientras me desempeñaba como Vicepresidente de Negocios de una compañía, me vi envuelto en una serie de conflictos. Siempre que la situación se tornaba crítica y las cosas se ponían difíciles, entraba al altar que había diseñado para comunicarme con Dios: "mi baño". (Era mi costumbre hacerlo en todas las empresas donde laboraba). Hice de la oración mi mejor arma, y en ese lugar pedía a Dios sabiduría, perdón y paciencia, y lo que no podía resolver desde mi escritorio o a través de una conversación, lo lograba por medio de la oración.

# CAPÍTULO 5
# LA CICATRIZ DE LA JUSTICIA

• • • • • • • • • • • • • • • • • • • • • • • • •

*Y traed el becerro gordo y matadlo,
y comamos y hagamos fiesta;
porque este mi hijo muerto era,
y ha revivido; se había perdido, y es hallado.
Y comenzaron a regocijarse.*
LUCAS 15: 23-24

## Capítulo 5
## La Cicatriz de la Justicia

Eran aproximadamente las 7:30 de la mañana cuando la familia se sentaba a la mesa a desayunar, previo a sus jornadas diarias de la hacienda. Esa mañana solo estaban los dos hijos y el padre.

—¿A ti cómo te va? –dice el padre al hermano mayor y de inmediato este empieza a contar sus experiencias en la granja y cómo estaban avanzando sus jornaleros.

En la otra esquina estaba el hermano menor. Su mirada se perdía en la distancia. Atravesaba la ventana y viajaba como un trotamundos por los maizales hasta llegar a la gran ciudad. Su imaginación se iba un acto tras otro. A lo lejos oía el murmullo de su hermano como sin entender absolutamente nada. Solo su cuerpo estaba presente en aquel pequeño salón. Un golpe seco en la mesa lo trajo de regreso y una pregunta lo incorporó a la conversación:

—¿A ti cómo te va?

Sin mediar una palabra, sin rodeos y con firmeza, el joven dijo: Quiero mi parte.

A la luz de la interpretación consuetudinaria, esto lo convirtió en el hermano malo. Es así como hemos oído la historia del hijo pródigo. En realidad se habla de un hermano mayor y un hermano menor. Tradicionalmente hemos llamado al hermano menor "el malo" y al mayor, "el bueno". ¿Habría un hermano bueno y uno malo? ¿Era realmente el mayor un hermano bueno? Hablaremos en el presente capítulo sobre la justicia y cómo el líder ha sido herido por la incorrecta administración de la misma.

La cicatriz de la justicia nos enseña a manejar los conflictos entre sus seguidores, con una extrema delicadeza. Para un líder es muy difícil ser justo. La Biblia dice: "No hay justo ni siquiera uno"[96]. Lo cierto es que justos no podemos ser, simplemente administramos justicia y tratamos de encontrar la verdad. Por ejemplo, cuando las dos mujeres trajeron a Salomón un niño, alegando cada una ser la verdadera madre, el rey se vio precisado a administrar justicia. Esto es sumamente difícil, sobre todo si la verdad está oculta. Sin embargo, ser justo es muy difícil cuando la verdad está oculta. Así que él no intentó ser justo, simplemente hizo que la verdad saliera a flote y, al encontrar la verdad, encontró la justicia[97].

---

96   Romanos 3:10 (VRV 60)
97   1 Reyes 3:25 (VRV 60)

Es difícil que el líder tenga un solo integrante en su equipo. Por tanto, siempre tendrá que administrar justicia. Como abogado, le puedo decir que administrar justicia es algo muy complicado. En un juicio intervienen de manera directa los siguientes actores: acusado, víctima, testigos, abogado del acusado, abogado de la víctima, alguacil, secretaria, fiscal y jueces, y en algunos sistemas se incluyen los jurados. Todas estas personas deben intervenir en algo tan sencillo como el robo de una caja de dulces, por ejemplo.

Moisés gastaba gran parte de su tiempo administrando justicia. Su tiempo invertido era tanto que a la visita de su suegro esto lo estaba consumiendo y es cuando le aconseja que debe buscar jueces[98]. Jesús le decía a las personas: "No juzguéis para que no seáis juzgados"[99], advirtiéndoles todo lo que implica hacer un juicio. Sin embargo, para el líder será imposible no administrar justicia. Es ahí cuando también comete los más grandes errores en su liderazgo y descubre que la administración de justicia es sumamente delicada, pues todo el grupo le pertenece y aunque hay que poner orden para lograr la sana convivencia del colectivo, en la mayoría de los casos, no deberá actuar como un juez sino como un padre.

---

98  Éxodo 18:14-23 (VRV 60)
99  Mateo 7:1 (VRV 60)

## El hijo bueno y el hijo malo

El padre no pudo convencer al hijo de que no se fuera. Fue al banco, buscó el dinero y lo despidió con un beso. En la hacienda se queda el hijo más grande. A la vista de él mismo, diría: "Yo soy el hijo bueno. Yo no te dejaré, soy incondicional y siempre haré lo que me pidas. No haré como ese ingrato que luego de todo lo que has hecho por él, ahora se va y nos abandona con tanto trabajo por delante". Tenemos al hijo pródigo, que quiere decir "el hijo que desperdicia"; prodigar es desperdiciar, y al otro ya se le llama "hijo bueno". Es bueno solo porque se queda al lado de su padre.

No todos los que hacen nuestra voluntad son los buenos, a veces son simplemente los que no se atreven a rebatirnos, a enfrentarnos y a contradecir nuestras ideas. El ser humano tiene derecho a equivocarse y a tomar sus propias decisiones, y eso no lo hace malo, simplemente lo hace diferente. A veces sabemos de antemano que esas decisiones podrían producir resultados funestos, pero son sus decisiones y no por eso podemos atribuirle tal calificativo.

Tengo un hermano mayor. Para algunos, él era el malo y yo, el bueno. Me gustaba leer en voz alta, pues sabía que a mi hermano le costaba leer y mi padre me elogiaba por mi buena lectura, en cambio a él lo criticaba por tartamudear. Con el tiempo el padre va aprendiendo que para él no hay hijos buenos e hijos malos, simplemente hay hijos, y que a todos los quiere por igual. A todos deberá brindarles el mismo afecto. En una ocasión un padre fue cuestionado por un hijo, por el hecho de que éste no era tan obediente. El hijo le dijo: "¡Tú quieres más a Antonio que a mí!". El padre le respondió: "Te equivocas, los quiero a los dos por igual, solo que a ti te quiero con pena y preocupación; a él lo quiero con gozo y satisfacción". Y esto es lo que más se puede asemejar a la justicia. El hecho de que podamos entender que en el grupo todos son nuestros hijos, no solo los "buenos".

Continuando con la historia, el muchacho recogió lo suyo y se fue a experimentar. Quizás puso un negocio que quebró. Consiguió amigos que lo engañaron y, como había sido pronosticado por todos, quedó sin nada y arruinado. ¿Esto lo hace un hijo malo? ¿Es esta la razón para que no sea parte de la familia? ¿Deberíamos tratarlo con la misma dureza de su error?

## Los cuatro grupos del líder

El líder tendrá cuatro subgrupos. A continuación vamos a describirlos:

### N° 1.- Los incondicionales

Son aquellos que estarán con usted pase lo que pase; al menos es lo que dicen, sienten que usted es la imagen personificada de *Iron Man*. Todo cuanto usted haga estará bien, y todo aquel que se le oponga al líder será su adversario y lo tendrá de frente. Este grupo se parece mucho a Pedro, quién le aseguró a Jesús lo siguiente: "Aunque todos se escandalicen de ti, yo nunca me escandalizaré"[100]. Ese fue el mismo Pedro que, cuando fueron a prender a Jesús, tomó una espada e hirió al siervo del sumo sacerdote.[101] Pedro era incondicional, así se sentía y así actuaba a pesar de su error en negar a Jesús.

### N° 2.- Los condicionales

Son aquellos que irán al lado suyo, pero en determinado momento lo enfrentarán y le dirán la verdad en su cara. Ellos tienen sus condiciones, y lo van a escuchar, pero no siempre van a hacer lo que usted

---

100 Mateo 26:33 (VRV 60)
101 Juan 18:10 (VRV 60)

diga. Son un grupo con personalidad, con la capacidad de poner las cosas en claro. En ese grupo están aquellos que nos ayudan a ver el punto ciego. Cuando los escuchamos, nos evitan cometer errores, pues tienen una visión menos optimista de nuestras decisiones y, por lo general, enfocan un punto de vista que ni usted ni los incondicionales pueden ver. Es algo parecido a lo que pasó entre Pablo y Bernabé: hacían un buen equipo de trabajo, pero hubo un momento en el que simplemente tenían una visión diferente del futuro. Así que dice la palabra: "Y hubo tal desacuerdo entre ellos, que se separaron el uno del otro; Bernabé, tomando a Marcos, navegó a Chipre. Y Pablo, escogiendo a Silas, salió encomendado por los hermanos a la gracia del Señor."[102] Nuestro error consiste en creer que debido a que una persona esté en desacuerdo con nosotros, tiene que estar fuera del círculo y lo tratamos a distancia. Algunos líderes buscan la forma de sacarlo del equipo, pero eso no es justo. La aplicación de la justicia, aquí, es errada y el líder puede pagar las consecuencias de ese error.

**No 3.- Los acondicionales**
Aquellos que serán sus contrarios bajo cualquier circunstancia. Nunca espere que le apoyen; todo lo que

---
102 Hechos 15:30-40 (VRV 60)

usted haga estará mal, no ven nada con positivismo y todo lo que se haga en el equipo siempre tendrá una cuestionante de su parte. Estos surgen por varias razones: por edad, algunas personas de edad avanzada pueden reaccionar muy resistentes a los cambios, al creer que no hay madurez en los jóvenes. Otras pueden salir de una ofensa no perdonada, ya sea porque se laceró el interés propio o de algún familiar, o tal vez, vienen producto de la herencia, es decir, están ahí por continuidad, pero entienden que ese liderazgo debió ser ocupado por ellos. Los acondicionales nunca van a estar de acuerdo con usted, serán adversarios silentes o manifiestos, pero difícilmente sus aliados. Tal fue el caso que ya hemos visto de Simei: "¡Fuera, fuera, hombre sanguinario y perverso! Jehová te ha dado el pago de toda la sangre de la casa de Saúl, en lugar del cual tú has reinado, y Jehová ha entregado el reino en mano de tu hijo Absalón; y hete aquí sorprendido en tu maldad, porque eres hombre sanguinario".[103] Fíjese en las palabras de este hombre. Estaba dolido porque el rey era David, no su pariente Saúl. Tenga pendiente que estas personas son parte del grupo, en sus distintas vertientes; no se sienta mal, esto es parte del liderazgo, lo difícil es aprender a manejarlo con justicia.

---

103  2 Samuel 16:7-8 (VRV 60)

## N° 4.- Los indiferentes

Este grupo está compuesto por aquellos que nunca saben lo que está pasando en medio de la organización, tampoco les importa mucho. Para ellos una cosa como la otra es igual. Estos necesitan ver para creer, y nunca están muy empapados de lo que pasa con el líder ni con su equipo. Por ejemplo, Tomás, quien había estado con Jesús, dio dos señales claves de ser una persona con cierto nivel de indiferencia. Veamos: "Pero Tomás, uno de los doce, llamado Dídimo, no estaba con ellos cuando Jesús vino".[104] Primera señal de indiferencia: ¿Dónde estaba Tomás, mientras todos los discípulos estaban reunidos? El indiferente siempre está fuera de toda actividad, nunca está presente en los momentos importantes del grupo. No va a elecciones ni a reuniones administrativas y vive muy ocupado como para ser parte integral del equipo. Como segunda señal, también es incrédulo, pues como vive fuera no cree nada de lo que pasa adentro. Por eso Tomás dice: "Si no viere en sus manos la señal de los clavos, y metiere mi dedo en el lugar de los clavos, y metiere mi mano en su costado, no creeré".[105]

Esta división en cuatro grupos deja al líder con solo un 25% de seguidores incondicionales. En el caso de

---

104 Juan 20:24 (VRV 60)
105 Juan 20:25 (VRV 60)

Jesús estaban Pedro, Juan y Jacobo, es decir, tres de los doce. El error más común del líder es dirigir solo para los incondicionales, creer que solo ellos pueden acercarse a él, y que son los únicos que tienen la verdad y la razón. Estos incondicionales son los hijos buenos, son los que nunca se van, los que nos hacen ver que todo está bien. Se pasan el tiempo diciéndonos que debemos volver a dirigir una y otra vez.

El reto del líder es administrar justicia entre los distintos grupos, sin dejar que el dolor afecte su criterio. Se nos hace difícil admitir que los incondicionales fallan y que tienen razón aquellos que son nuestros adversarios. El líder tendrá que pedir sabiduría a Dios para ser lo más objetivo posible. Imagínese el momento en que el padre tiene que admitir que uno de sus hijos ha fallado y entregarlo a la justicia. La diferencia es que un juez juzgará al niño y, a pesar de las posibles influencias que pudiera tener, él tendrá su propio criterio para hacer un juicio. Por el contrario, cuando estamos en posiciones de liderazgo, somos nosotros mismos los que solemos administrar justicia ante los incidentes del grupo. ¿Podremos ser objetivos? ¿Será fácil aplicar todo el peso de la ley al incondicional o exonerar al contrario cuando vemos que es realmente inocente? Es muy peligroso creer que los que nos rodean son los buenos y todos los demás son los malos. Este grupo selecto de seguidores lo hará sentir en las nubes y lo pondrá en contra de mucha gente.

Cuando somos heridos por estas contiendas internas y cometemos el error de creer que un grupo es mejor que el otro, entonces aprendemos que la justicia del líder radica en el amor por todos: los buenos y los malos. En el fondo no hay ninguno bueno, todos son sus hijos y en determinado momento actuarán como Pedro, negándolo. El reto del líder es amarlos y estar dispuesto para cada uno con la misma intensidad y devoción.

**El regreso del hijo pródigo**

El hijo pródigo había gastado todo su dinero, estaba en una pocilga, cuidando los cerdos y deseando comer la comida de éstos. En medio de su fracaso y de su angustia, se pregunta: "¿Por qué no voy a mi padre? Al menos en mi casa tendré qué comer, no me importa más nada, solo quiero que me dejen comer". Toma la difícil decisión de volver, a pesar de todas las dudas que le embargaban. Corre hacia el hogar y empieza el problema. Todo el que es padre sabe de qué estamos hablando. Si su hijo se va de la casa a un lugar donde usted no sabe, nunca dejará de sufrir y lamentarse de esa partida. Los padres que han perdido hijos saben que esta es una pérdida irreparable. Se sobrevive con ella, pero no es algo que se pueda olvidar ni superar fácilmente.

A la distancia, el padre divisa un hombre que al caminar parece ser su hijo, pero su rostro y cuerpo harapientos no les parecen. Sin embargo, él desea que, aun de esta forma, sucio y envejecido, sea su hijo el que viene caminando. Finalmente, el hombre llega a la puerta de la hacienda. Por la voz identifica al hijo y sale a su encuentro. Lo abraza, lo besa y llora con él. Manda a buscar ropa, lo bañan y convoca una gran fiesta para celebrar el regreso de su segundo hijo, el que se había perdido y ha vuelto. Todos estaban felices, todos gozosos. ¡Había regresado!

Pero en medio de la celebración alguien tira un balde de agua fría. ¿Quién? El hermano bueno, el hermano mayor, ese que había estado a los pies del líder, posiblemente esperando que muriera para quedarse con todo. Y fue a reclamar su atención, a reclamar su espacio: "Yo me he quedado contigo todo este tiempo y tú nunca me has hecho una fiesta; éste se va, lo gasta todo y ahora lo mío tú se lo das a él. Lo cierto es que tú me has decepcionado como padre".

Este es el cuadro diario de cada líder: los buenos y los malos, los que nos siguen y los que no nos siguen, los que nos apoyan y los que no lo hacen. ¿Cuál debería ser la reacción del líder? Si no ha cicatrizado con la justicia, siempre sentirá que el grupo bueno tiene la razón. Sacará de su seno a mucha gente valiosa, que simplemente es condicional. Los condicionales son como el freno, los incondicionales como el acelerador. Un carro necesita ambas herramientas, de lo contrario terminaría estrellado.

## El argumento del hermano bueno

De esta forma el hermano bueno reclama: "Él es malo, debe quedarse fuera; tú fuiste un buen padre, él no tenía ninguna razón para actuar así". El fondo del asunto estaba en que el que había llegado estaba tocando los intereses del hermano mayor; habían matado un becerro y gastado dinero para hacer una fiesta al que se fue. "¡Esos son mis recursos, es a mí a quien le corresponde este espacio! ¡No es justo que él se vaya y ahora regrese y gastemos el dinero a favor de uno que nos abandonó!"

Este es el juego de poder de los seguidores. A ellos les gusta tenernos bajo control, de esta forma también controlan su herencia. Es algo parecido a la actuación de los perros Doberman: te cuidan, no porque te quieran, sino porque sienten que tú les perteneces;

así que, más que cuidarnos, cuidan su territorio, cuidan sus pertenencias, que somos nosotros. Jesús les predica a los fariseos, queriendo dejarles un ejemplo de la justicia. Ellos vivían en una eterna comparación sobre quién era bueno y quién no lo era; quién se lavaba las manos y quién no se las lavaba.

¿Qué debe hacer un hermano mayor? Debe ir en busca de su hermano menor, estar pendiente de éste, darle seguimiento a su hermanito inmaduro y poco sabio. Creo que el hermano del relato no era un hermano mayor, era un fariseo y se comportó como tal; actuó para defender sus intereses y para acusar al que falló. Si el padre le hubiera hecho caso, habría cometido el error de su vida: echar fuera a su hijo menor para complacer al mayor.

**El líder como padre**

El rol del líder es el de padre de su equipo. A veces los malos terminan siendo los buenos, y viceversa. Recuerde que todos forman el grupo y que si ignora a algunos, esto le afectará, puesto que es imposible lograr buenos resultados con un equipo en el que falten jugadores.

Jesús advierte que la justicia del padre estuvo en recibir a su hijo que se había perdido y ahora lo había hallado. Y este es el reto de todo líder, el de poder amar a aquellos que no lo aman. El liderazgo ama a todos, la política ama a los que apoyan: "Si me apoyas incondicionalmente, tendrás un puesto especial, de lo contrario, serás el último". Jesús trae un paradigma totalmente diferente. Veamos la propuesta de algunos del círculo íntimo de Jesús. Se trata de Juan y Jacobo, que se acercaron a Jesús para hacerle una petición propia de la política: "Maestro, querríamos que nos hagas lo que pidiéremos. Él les dijo: ¿Qué queréis que os haga? Ellos le dijeron: Concédenos que en tu gloria nos sentemos el uno a tu derecha, y el otro a tu izquierda".[106]

Siempre nuestro círculo íntimo espera las mejores posiciones y las mejores oportunidades. Más que un espacio que deben ganarse por servicio, ellos lo ven como una herencia. Pero Jesús le presenta una nueva visión de ver las cosas, un paradigma radicalmente distinto: "No sabéis lo que pedís. ¿Podéis beber del vaso que yo bebo, o ser bautizados con el bautismo con que yo soy bautizado?... A la verdad, del vaso que yo bebo, beberéis, y con el bautismo con que yo soy bautizado, seréis bautizados; pero el sentaros a mi derecha y a mi izquierda, no es mío darlo, sino a aquellos para quienes está preparado".[107]

---
106 Marcos 10:35-37 (VRV 60)
107 Marcos 10:38-40 (VRV 60)

El futuro de una organización no debe depender de quien señale el líder, como si fuera una monarquía o una dictadura; debe decidirlo la organización. Para la mayoría de los líderes es desgarrador ver cómo lo que construyó durante mucho tiempo, con dedicación y esfuerzo, queda en manos de quien él no tiene confianza y posiblemente no goce de su aprecio; pero el líder debe entender que esto también es parte del liderazgo.

Finalmente, en la historia del hijo pródigo, el hermano "bueno" nunca quiso entrar a la cena. ¿Fue el padre injusto en este caso? Parecería que sí; sin embargo, observe que el padre hizo todo lo posible para que el hermano mayor entendiera lo que estaba pasando. Él le hizo entender que todo cuanto había en la hacienda le pertenecía a él, pero había algo que estaba por encima de lo material, por encima del poder y de la política barata: el amor de padre hacia un hijo perdido. De igual manera, el liderazgo está por encima de la politiquería y no debemos sacrificar una vida por un puesto, por unas elecciones. Hay momentos en los que debe quedar fuera todo rencor, toda ira, todo dolor, e ir en busca de la oveja perdida.

# CAPÍTULO 6
# LA CICATRIZ DEL SILENCIO

*Aun el necio cuando calla
es contado como sabio.*
PROVERBIOS 17:28

## Capítulo 6
## La Cicatriz del Silencio

Todo el pueblo se apersonó para ver el espectáculo. Nada más interesante podría estar pasando en las calles polvorientas de la pequeña ciudad. En las esquinas, la gente comentaba lo ocurrido. Aunque algunos lloraban, la mayoría se envolvía en el morbo y la murmuración. "¡Lo van a juzgar, ahora veremos cómo le irá!" Por su parte, el reo se negaba a hablar, sus labios estaban sellados como una ostra del mar muerto.

### El juicio era un hecho

Cuando amaneció, todos los jefes de los sacerdotes y los ancianos de los judíos se pusieron de acuerdo en un plan para matar a Jesús.[108] Lo llevaron atado y se lo entregaron a Pilato, el gobernador romano.[109]

> Cuando las cosas están armadas, hay poco que argumentar.

---
108  Mateo 27:1 (VRV 60)
109  Mateo 27:2 (VRV 60)

Cuando las cosas están armadas, hay poco que argumentar. Sin embargo, nuestro espíritu de lucha no nos deja estar en silencio. Buscamos todos los medios para que alguien escuche nuestra causa. Los demás pueden escucharnos, pero esto no significa que nos den la razón. Muchas de nuestras palabras se convierten en argumentos para nuestros detractores. Mientras más nos defendemos, más complicamos el proceso. Hay un dicho que Hollywood ha popularizado en las películas de policías, que es parte de los derechos fundamentales de los seres humanos: "Tiene derecho a guardar silencio, de lo contrario todo lo que diga puede ser usado en su contra".

Cuando el líder ha sanado las heridas de la indiscreción y la autodefensa, lleva en su cuerpo la cicatriz del silencio. Se da cuenta de que las conversaciones pueden traer consigo muchos inconvenientes. El líder auténtico se hace un maestro de la discreción, se hace una caja fuerte de información. Es a él a quien todo el mundo va a acudir para contarle sus inconvenientes; es allí donde la gente irá a buscar y a llevar información. El líder sabe lo que pasa en la vida de todo su grupo, y las informaciones que son ciegas para los demás, están a su vista. Por tal razón, aprender a callar es algo imprescindible en un liderazgo sano.

Jesús estaba frente a Poncio Pilato. Hay una interrogante que se desprende de la conversación entre ambos: ¿Convencería Jesús a Pilato de que él era inocente? ¿Estaba buscando Pilato la información para ayudar a Jesús o para abrir más la brecha entre él y sus acusadores? No sabemos. Pero por los resultados, más adelante veremos cómo reaccionó Jesús.

El tema del silencio es fundamental en el proceso de crecimiento del líder. Cada palabra que pronuncia un líder tiene un efecto trascendental en la vida del equipo o del pueblo. Si el jefe de un estado tiene una opinión sobre todos los aspectos de la vida y la expresa constantemente, entonces cometerá muchos errores. Por eso el refrán dice: "El que mucho habla, mucho yerra" y el libro de Proverbios señala: "En las muchas palabras no falta pecado; Mas el que refrena sus labios es prudente".[110] Y "El que carece de entendimiento menosprecia a su prójimo; Mas, el hombre prudente calla".[111] Hacer silencio es parte del código de prudencia de un líder. Este es un ejercicio muy doloroso en vista de que al líder no le faltan las oportunidades para hablar. Siempre hay un tema, siempre hay una queja, un razonamiento diferente, algo que nos incita a verter nuestro punto de defensa, nuestras

---

110 Proverbios 10:19 (VRV 60)
111 Proverbios 11:12 (VRV 60)

ofensas y agravios. La cicatriz del silencio nos acompaña y nos enseña las consecuencias de una palabra fuera de lugar.

¡Mientras los jefes de los sacerdotes y los ancianos lo acusaban, *Jesús no respondía nada!*[112] ¿Cuánto podemos aprender de esa actitud? ¿Cuál habría sido nuestra reacción ante un hecho como este? Supongamos que estás en el lugar de Jesús: eres inocente, lo único que has hecho es el bien, has sanado a muchos, has alimentado a más de 5 mil personas[113], te has conducido con decencia en el pueblo, has respetado el tema de los impuestos y has ido a la sinagoga todos los sábados. Eres el ejemplo que todos queríamos ver. Pero ahora te acusan hombres llenos de errores, personas que no tienen cómo compararse contigo; te señalan cuando tú tienes toda la razón. ¿Cuál sería tu reacción? No sé la tuya, pero posiblemente yo habría dicho varias cosas, habría estructurado un discurso apologético para hacer ver a todos que están equivocados. ¿Habría ganado la discusión? Posiblemente sí, pero ¿habría impedido que me condenaran? Claro que no. La condena estaba lista, no había mucho que decir, todo estaba resuelto.

Muchas personas no saben que, en la mayoría de las ocasiones, los juicios vienen con su condena redac-

---

112   Mateo 27:12 (VRV 60), Cursivas del autor
113   S. Juan 6:1-14 (VRV 60)

tada. Los jueces tienen sus decisiones preconcebidas. El trabajo de los abogados es importante, pero no define la idea que un juez tiene del caso. Lo mismo en la vida: nuestra labor de defensa muy escasamente aporta algo más que duda. Mientras más se defiende, sobre todo fuera de los escenarios dados para tales fines, más dudas se crean alrededor. No quiero decir con esto que debemos entregarnos ante un ataque o juicio, lo que básicamente quiero señalar es que hay que expresarse solo en el escenario adecuado. Si usamos a los miembros del grupo para argumentar y enterarlos de las interioridades del problema, algunas de estas personas serán tan afectadas por el incidente, que preferirán mejor irse antes que verse en una discusión. La información que maneja el líder puede ser muy clasificada. Si éste, herido por los inconvenientes, deja fluir la información al grupo, entonces está violando un código de honor de liderazgo. El líder sano se prepara toda la vida para manejarse en el momento en el que sale del liderazgo.

**Las preguntas de Pilato**

Pilato le preguntó: ¿No oyes todo lo que están diciendo contra ti? Pero Jesús no le contestó ni una sola palabra[3]. De manera que el gobernador se quedó muy extrañado"[114]. El gobernador estaba muy sorprendido, no era el tipo de acusado que estaba acostumbrado a ver. En primer lugar, tenía un acusado de quien había oído hablar cosas buenas. En segundo lugar, su reo no argumenta, no se defiende y no busca detractar a sus acusadores. ¿Qué tipo de hombre es este?, se preguntaría Pilato.

Alguien dijo: "Cuando cometes un error, tus amigos no necesitan explicaciones y tus enemigos no las aceptarán". En el caso de Jesús, él no había cometido ningún error. Las personas que lo conocían, sabían perfectamente lo que él era; quienes lo acusaban, también. El tema no era que ellos no supieran, simplemente le estaban levantando una calumnia y ante la calumnia, hay pocos argumentos que valgan, pues usted está peleando contra la mentira. Es como entrar en un mundo de fantasías: la verdad no existe, todo es ilusión. En un mundo de calumnia, argumentar con la verdad es algo parecido a echar perlas a los cerdos.

¿Cuál es la mejor actitud ante un grupo calumniador que tiene el poder para hundirte y el deseo de hacerlo? ¡La cicatriz del Silencio! Esta es el camino cuando nos hieren con mentiras e injurias.

---

[114] Mateo 27:13-14 (VRV 60)

## Cuatro ventajas del silencio

**Evita que se extienda el conflicto.** Eclesiastés dice que hay tiempo de hablar y tiempo de callar[115], y es cierto. Cuando hablamos de callar, no nos referimos a que nunca se debe hablar, lo que decimos es que debemos hacerlo

> El líder sano se hace un maestro de la discreción.

en el momento oportuno. En un conflicto, mientras menos palabras se digan en el camino, más fácil será resolverlo. *"La blanda respuesta calma la ira, mas las palabras ásperas hacen subir el furor".*[116] Hemos visto cómo una simple palabra, ante un momento de ira, enciende la llama que provoca la muerte de una persona. El problema no fue el conflicto, fueron las palabras sucesivas al mismo.

**Nos hace ver como personas sabias y prudentes.** "Aún el necio, cuando calla, es contado como sabio"[117]. Y es así, en un conflicto de intereses, el que más habla da la impresión de que es el que no tiene la razón. Si tienes la razón, ¿por qué te defiendes tanto? Igual diría la gente: ¿Por qué si tienes la razón, no te defiendes? El punto de esta cicatriz sugiere que usted

---

115   Eclesiastés 3:7 (VRV 60)
116   Proverbios 14:1 (VRV 60)
117   Proverbios 17:28 (VRV 60)

solo debe defenderse si realmente vale la pena hacerlo. "Nunca respondas al necio de acuerdo con su necedad, Para que no seas tú también como él. Responde al necio como merece su necedad, Para que no se estime sabio en su propia opinión"[118].

**Nos impide cometer errores.** En el proceso de defendernos ante las acusaciones, podríamos empezar un ataque contra las personas que entendemos nos acusan, pero no siempre resultan ser los verdaderos acusadores; al hablar, cometemos el error de incriminarlos y quienes eran neutrales en el problema ahora pasan a la fila de los adversarios.

**Nos da tiempo para orar y reflexionar.** Cuando hacemos silencio, empezamos a descubrir cuál es nuestra cuota de responsabilidad en el conflicto. Difícilmente su caso sea igual al de Jesús. A veces son pequeños detalles, otras somos realmente culpables y no nos gusta admitir nuestra culpa. Nunca espere compasión, cuando ha cometido un error. Si ha fallado, simplemente ha fallado; haga corto el camino y admita su responsabilidad. Por ejemplo, si se perdió un tomate, las personas van a decir que fueron cinco. Lo cierto es que no debió perderse ninguno. No

---

118   Proverbios 26:4-5 (VRV 60)

justifique su falta en las mentiras de los demás, usted sabe que se perdió un tomate, sabe que fue su culpa, así que no busque más argumentos y admita que se perdió. Haya sido uno o hayan sido varios, asuma su responsabilidad, el resto es silencio.

## Huyendo y callando

Cuando Absalón conspiró contra su padre David, a fin de derrocarlo y quedarse con el reinado, la reacción del rey fue la huida y el silencio. Tomó una mula, dejó el espacio abierto y se fue a un lugar de meditación. El líder se toma un tiempo de reflexión, evita los comentarios con otras personas y las reuniones para hablar del tema. Simplemente, va a Dios en oración y expone su causa. Si no conoce a Dios, de igual forma lo mejor es esperar el tiempo adecuado antes de reaccionar.

Volviendo a Jesucristo, Pilato le preguntó: ¿No oyes todo lo que están diciendo contra ti? Pero Jesús no le contestó ni una sola palabra[119]. Jesús insistió en no hablar, en no abrir la boca. A él no le importó lo que dijera la gente o lo que dijera Pilato, simplemente no habló.

Aquí Pilato le dice algo muy común en el proceso de conflicto: *¿No oyes todo lo que están diciendo*

---
119  Mateo 27:13 (VRV 60)

*contra ti?* Es posible pensar que no vamos a decir nada, pero cuando vemos todo lo que la gente está diciendo, tenemos la tentación de tronar y aclarar las cosas. El problema con esto es que no todo lo que alguien dice que se está hablando de nosotros es lo que realmente se ha dicho. En medio del conflicto, salen a relucir muchas palabras, unas ciertas y otras no. No use su lengua para detractar personas, no acepte los comentarios que se supone dijeron. Evite de esta forma buscarse enemigos innecesarios. Cada vez que abra la boca en contra de alguien, se buscará más contrarios.

Jesús sabía manejarse en esta situación. En una ocasión los discípulos de Juan el Bautista fueron hacia él y le comunicaron lo siguiente: "Dice Juan el Bautista que si tú eres el Cristo o esperamos a otro". Jesús se tomó su tiempo en contestar. Lo hizo con delicadeza: "Id, y haced saber a Juan las cosas que oís y veis. Los ciegos ven, los cojos andan, los leprosos son limpiados, los sordos oyen, los muertos son resucitados, y a los pobres es anunciado el evangelio; y bienaventurado es el que no halle tropiezo en mí".[120] Jesús no arremete en contra de Juan, sino que va a los hechos. Pero lo que más aplica en este aspecto es lo que él dijo respecto de Juan, después que se fue-

---

[120] Mateo 11:4-6 (VRV 60)

ron los discípulos. Él no lo denigra, no lo cuestiona, como quizás esperaban algunos, sino que lo edifica cuando dice: "De cierto os digo: Entre los que nacen de mujer no se ha levantado otro mayor que Juan el Bautista".[121] Esta debe ser la actitud del líder: edificar a todos los que pueda.

Consciente de todo esto, Jesús no abrió la boca. Todo lo que él quería decirles, se lo dijo personalmente. No necesitaba intermediarios ni iba a usar este momento para descargar su ira. Jesús hizo silencio absoluto, al punto de que Pilato quedó muy sorprendido.

"Mas él herido fue por nuestras rebeliones, molido por nuestros pecados; el castigo de nuestra paz fue sobre él, y por sus llagas fuimos nosotros curados. Angustiado él, y afligido, no abrió su boca; como cordero fue llevado al matadero; y como oveja delante de sus trasquiladores, enmudeció, y no abrió su boca."[122]

Guardar silencio no nos elimina, nos hace más fuertes internamente. Muchos de los grandes hombres de la historia han tenido que guardar silencio y tomar un tiempo para sí mismos. Hay que dejar que las acusaciones y las trifulcas internas fluyan y se deshagan. Si Dios lo permite, a su tiempo estaremos en el lugar que nos corresponde. A veces esto toma años,

---

121   Mateo 11:11a (VRV 60)
122   Isaías 53:5-7 (VRV)

en otras ocasiones son días, pero siempre es bueno cicatrizar con el silencio nuestras heridas más profundas.

# CAPÍTULO 7
## LA CICATRIZ DE LA
# HUMILLACIÓN

*...Sino que se despojó a sí mismo,
tomando forma de siervo,
hecho semejante a los hombres;
y estando en la condición de hombre,
se humilló a sí mismo, haciéndose obediente hasta la
muerte, y muerte de cruz.*

FILIPENSES 2:7-8

## Capítulo 7
## La Cicatriz de la Humillación

La **humillación** es el acto por medio del cual una persona es avergonzada generalmente en público. Se considera humillación cualquier tipo de acto que denigre públicamente de las creencias de un ser humano, al igual que su cultura, sexo, raza, religión, forma de pensar, nivel económico, conocimiento.[123] En tal sentido, siempre que hablamos de humillación, pensamos que es un acto forzado en donde alguien denigra nuestra persona. Pero también es humillación el acto por el cual usted mismo pone su persona a los pies de otra con la finalidad de salvar una relación. Veremos a continuación la diferencia entre humillación y humildad, así como otros aspectos que nos ayudan a entender el poder que tiene el humillarnos.

---
123 es.wikipedia.org/wiki/Humillación

## Humildad es mucho más que eso

La humildad es un atributo humano, no es un acto de la persona, y esas son dos cosas diferentes. Usted puede ser una persona humilde pero nunca humillada. La humildad es una prenda, una fachada. Mostramos de una manera práctica y real la humildad, cuando hemos sido capaces de humillarnos. Muchas personas muestran ser humildes: ceden sus puestos en las filas, hablan muy bajo, no ofenden a nadie y se muestran apacibles, incapaces de herir a alguien; sin embargo, cuando a estas mismas personas se les ofende y se les quita el derecho que les corresponde, es ahí donde nos damos cuenta de si realmente actúan con humillación. El Señor expresa en Mateo 6 que si te quitan la capa, dés también la túnica; nos manda a atrevernos a caminar dos millas. Caminar una milla es ser humilde; caminar dos millas es humillarse. La mayoría de los conflictos en los grupos vienen luego de caminar la milla correspondiente, de ahí en adelante muy pocos están dispuestos a dar una milla extra para salvar una relación. Lo lógico es que cuando en la vida real alguien quiere que caminemos esa milla extra, lo consideremos como un abuso, algo inaceptable. Ignorando que este es el principio más poderoso para salvar una relación, y que representa la anulación del conflicto. Las motivaciones que mueven a la otra persona a pedir la milla extra, muchas veces son causadas por un vil egoísmo, pero otras, son motivadas por razones que al menos ellos mismos entienden valederas. La raíz del conflicto: sería imposible si alguien en el camino no tiene el coraje y la capacidad de humillarse y no da la milla extra.

**La humillación es una cirugía sin anestesia**

Cuando nos humillamos, sufrimos moralmente como si nos estuvieran haciendo una cirugía a sangre fría. Es sumamente doloroso —y debe serlo—, pues al humillarnos es cuando más nos parecemos a *Cristo*. Nos toma años poder ejecutar esa decisión; mas, para todo el mundo somos "humildes", pero nunca nos hemos humillado. ¿Somos humildes? Lo real es que este acto es tan doloroso, que preferimos olvidar el problema y hacernos de la vista gorda ante el conflicto.

> **La humildad es un atributo humano que muchas veces nunca se usa. La humillación es el acto en el que ponemos en uso nuestra humildad.**

## La humillación es la verdadera tesis de grado de un líder

Es también su graduación, su diploma y su mayor herramienta de trabajo diario. Nos pasamos años en los seminarios, estudiando para ser pastores o ejecutivos, también vamos a la universidad, hacemos postgrados, maestrías y PhD, pero en ninguna de las asignaturas se nos enseña tácitamente a humillarnos. En mi experiencia personal, lo que he podido ver es que mientras más aprendemos, más nos cuesta humillarnos, más nos cuesta desprendernos de nuestras coronas y tirarlas a los pies del cordero. Por eso *Apocalipsis* expresa que los 24 ancianos tiraron sus coronas[124]. Si te fijas, fueron ellos los más grandes, los más nobles, los que representaban la mayor jerarquía en la patria celestial, pero se despojaron de sus coronas, que representaban su premio, su poder, su distinción y la depositaron a los pies del cordero. Humillarnos ante Jesús resulta fácil, pues él no nos golpea, no nos maltrata, él nos escucha. Pero, cuando nos toca humillarnos ante un ser humano igual a nosotros, alguien con debilidades y flaquezas idénticas a las que todos tenemos, y cuando las cosas se ponen difíciles, es ahí cuando vemos a los grandes líderes reprobar, porque

---

124 Apocalipsis 4:4, 10-11

a nadie le gusta deshacerse de sus coronas. Nos aferramos tanto a ellas que pasan a ser parte de nosotros como una extensión en nuestro propio cuerpo.

Hace unos años ofendí a una persona con un comportamiento inadecuado. Su molestia fue tan profunda, que tuvo algunas reacciones más allá de la misma ofensa. Sus reacciones me ofendieron, pues excedieron las palabras. Sin embargo, dos años después, al recibir la revelación del Señor sobre la necesidad de humillarnos, empecé a hacer un inventario de cosas como éstas y concluí que necesitaba hablar con esa persona y reconocer, sin excusas ni justificaciones, que mi hecho era contrario a los principios que yo mismo predicaba. Hice una llamada y expuse mi discurso de humillación.

**Cuando humillarse no resuelve el problema**

Humillarse es en extremo lastimoso, pero eso no hace que quien recibe nuestra solicitud de excusas las acepte. Está en pleno derecho de no disculparnos. Podrán reaccionar conforme a sus propias convicciones y algunos las aceptarán, pero otros no. Este es el tercer grado de la humillación. Cuando empezamos a escuchar la andanada del otro, cuando oímos su fuerte voz protestando y diciendo todo cuanto tiene por decir, allí tendido en el suelo y masticando el polvo, todavía no es suficiente. A veces también recibirás el golpe de gracia de aquel que no acepta ninguna humillación. Ese es precisamente el mayor temor a humillarnos: ver la sonrisa burlesca de nuestro "enemigo" en su rostro.

Cuando Jesús fue entregado, caminó la vía dolorosa paso por paso, desde el principio hasta el final. Su humillación fue cada vez más degradante y nadie se compadeció de él. Las palabras se oían retumbar en los oídos: "Salve rey de los Judíos", en tono de burla. Jesucristo no esperó que se compadecieran de él, Jesús estaba consciente de cómo piensa el ser humano. Por eso, al decir "Padre, si es tu voluntad, pasa de mí esta copa"[125], se refería a la impiedad humana. Es por la misma razón que el rey David al ser juzgado decía que prefería ser juzgado por Dios y no por los hombres[126].

El pensamiento del hombre es la destrucción de su enemigo, aplastar a todo el rebelde, destruir a todo aquel que se levanta en su contra. Pero Jesús dijo: "Oirás que dicen amarás a tu prójimo y odiarás a tu enemigo, mas yo os digo, amarás a tu enemigo"[127]. ¡Esto es humillación! Llegar a amar tanto a Dios, que seamos capaces de amar a nuestros enemigos. Es el

---

125   Lucas 22:42
126   Salmos 43:1
127   San Mateo 5:43-45

desprendimiento de nuestro ser moral. Si hubiera un órgano que representara tal orgullo en nuestro cuerpo, éste se desprendería. El profeta Ezequiel señala: "Les cambiaré su corazón de piedra y les pondré un corazón de carne"[128]. Es imposible hacerlo desde la perspectiva humana, pero actuar fuera de este contexto es actuar en la propia concupiscencia del hombre mundano, que dice: *"Ojo por ojo y diente por diente"*.

## Algunos ejemplos de humillación

### Un general con lepra

El rey estaba cansado de ver a aquel hombre, pues a pesar de ser valeroso y de su jerarquía en el ejército, tenía lepra. Apareció alguien que le dijo que en Israel había quien le podría resolver el problema. De inmediato éste hizo los arreglos diplomáticos para partir. Consiguió una carta consular

> **La humillación es lo que define la grandeza de un líder, es donde muestra cuánto ha crecido, cuánto ha aprendido y es a través de esta que podemos mostrar que somos líderes genuinos, capaces de inspirar a otros.**

---

128   Ezequiel 11:19

y se fue rumbo al país que le podría ofrecer la solución a su problema de salud. Al llegar a Israel, fue directo al rey y le entregó la carta: la carta del orgullo, la carta del poder, la carta de las influencias políticas. Sin embargo, aquella carta no pudo hacer nada; por el contrario, el rey quedó ofendido y dijo: "¿Cómo es posible que le pidan esto a un rey, acaso soy yo Dios para sanar?"[129] El rey rechazó la petición por su incompetencia. Al menos este rey admitía que algunas cosas estaban fuera de su poder.

El profeta Eliseo escuchó sobre el tema y mandó a buscar al General de Asiria "Naamán" para sanarlo. Aquel hombre todavía no había aprendido la lección de la humillación, se mantenía firme en su orgullo de general y prefería sufrir a humillarse. El alto militar llega a la puerta del profeta, esperando que aquel profeta saliera de su casa, hiciera un acto de reverencia y le dijera: *Señor General de Asiria, lo que usted tiene ni siquiera es lepra, es simplemente la piel blanca. Le daré siete vueltas a su caballo, me postraré ante el Dios altísimo y usted quedará sano. Gracias por concederme el alto honor de orar por usted.* Muy por el

> La humillación es el acto moral más doloroso que puede realizar un ser humano.

---

129   Palabras del autor de 2 Reyes 5:7

contrario, Naamán encontró un profeta de una claridad meridiana y, guiado por el poder del Espíritu, le dijo: "Usted debe bañarse, vaya al río Jordán y no solo se bañe una vez, hágalo siete veces y entonces quedará sano". Esas fueron en paráfrasis sus palabras, no abundó, no justificó, no esperó ofrenda ni medió palabra. Desde luego, el militar se sintió muy ofendido y desconsiderado, y dijo: En mi país hay ríos mejores que éste, yo creía que él iba a venir y me iba a rendir los honores de lugar y luego me iba a sanar. Y decidió no bañarse. Pero Dios tuvo misericordia de él, y un joven criado le dijo: ¿Por qué no lo intentas?, ¿qué tienes que perder? Finalmente, el hombre fue y se sumergió en el río de la humillación[130]. Hasta ese momento había sido un hombre educado, atento, respetuoso y posiblemente "humilde" ante los ojos de todos sus compañeros, pero incapaz de humillarse. Ese día, cuando descubrió el secreto de la humillación, su cuerpo quedó limpio y su mente también, llegó la felicidad a su vida, y Dios restauró lo que hacía mucho tiempo estaba dañado. Ese día Naamán empezó a ver la vida con unas gafas diferentes, con un color y un sabor absolutamente frescos.

La humillación limpia nuestro cuerpo y también limpia nuestra mente. Cuando logramos humillarnos,

---

130   2 Reyes 5:1-14

ríos de amargura son conducidos fuera de nuestro ser, toda la hiel, toda la toxicidad y el dolor salen y la vida cambia. Es imposible que se abran cambios significativos en la vida del líder si no cicatriza con el humillarse. De ahí el verso que dice: "El que se humilla será exaltado"[131].

## De líder a siervo

"Queremos un rey, un rey que nos lleve a la batalla. Queremos uno como los demás. Tú estás viejo, tus hijos no te van a sustituir debido a su mala conducta. ¡Queremos un rey fuerte y valiente! Tú eres anciano, tú eres débil"[132] —fueron las palabras que le dijo el pueblo a Samuel. Si usted trata de ponerse en los pies de Samuel, verá la amargura de esa copa. Ahí tenemos una evidencia más de la acidez del pueblo para con sus líderes. Cuando los seguidores no te quieren, algunos buscarán paños tibios para decírtelo, pero otros lo harán con tanta dureza que sus palabras serán como heridas de vidrio en tus oídos. Te lo dirán frontalmente, sin ninguna compasión, sin delicadeza, sin diplomacia. Eso es tan denigrante, y duele tanto, que muchas veces nuestra familia nunca se recupera

---
131 Mateo 23:12
132 Paráfrasis de 1 Samuel 8:5

de estos golpes. Pero como ya he dicho, eso es parte del liderazgo. Los presidentes aprenden a salir de su mandato. Parte del pueblo los quiere, otros los odian, pero ellos deben amar a todo el pueblo. Samuel, a pesar de su mirada perdida y su carne ardiendo, y por supuesto ¡sorprendido!, mantuvo su actitud apacible y fue a Dios. Y Dios le dijo las siguientes palabras: "Ellos quieren rey, le daremos rey, el problema no es contigo es conmigo"[133]. Usted dirá: "Bueno, si Dios dijo eso, había que hacerlo". Sin embargo, hay un ejemplo bíblico que nos demuestra que no siempre el hombre está dispuesto a humillarse, aunque Dios se lo pida. Cuando Saúl fue desechado por Dios, no se humilló, sino que continuó intentando revertir la voluntad de Dios e hizo todo cuanto pudo para lograrlo. Pero, ¿podrá el hombre luchar contra Dios y salir victorioso? De ninguna manera; lo único que logró Saúl al no humillarse ni retirarse del poder, fue destrucción y juicio para él y para el pueblo.

Samuel, por el contrario, hizo lo que Dios le pidió que hiciera y él mismo tuvo que ungir un nuevo rey, entregándole el poder. No resulta muy fácil esta tarea. A los seres humanos nos gusta "irnos", pero no nos gusta "que nos saquen", nos gusta renunciar, pero no que nos pidan la renuncia. La humillación

---

133 Paráfrasis de 1 Samuel 8:7

nos enseña a tener un concepto más cristiano y menos humano de nosotros. Cristo dice: "Niégate a ti mismo, toma tu cruz y sígueme"[134]. El apóstol Pablo nos exhorta: "Teniendo a los demás como superiores a nosotros mismos"[135].

Nuestro gran problema es que nos están enseñando a amarnos a nosotros mismos, incluso en muchas congregaciones se les dice a sus miembros que tienen que amarse mucho para poder amar a otros. Lo cierto es que Jesús nos dijo: "Toma tu cruz y sígueme". Decir *"toma tu cruz"*, no es lo mismo que decir "toma tu traje de baño". El único propósito de una cruz es crucificar a alguien. La pregunta es: Si es tu cruz, ¿a quién deberían crucificar en ella? Bueno, esto sugiere que estamos hablando de un sacrificio personal y, ¿qué es lo que vamos a sacrificar? ¿Nuestro cuerpo? ¡Claro que no! Lo que vamos a sacrificar en nuestra cruz es nuestro amor por nosotros mismos, nuestro egoísmo, nuestro orgullo, para permitir que se cumpla el propósito de Dios,

> Esto es humillación, que amamos tanto a Dios que estamos dispuestos a humillarnos ante nuestros enemigos por amor a él.

---

134   Mateo 16:24 (VRV 60)
135   Filipenses 2:3 (VRV 60)

aunque no lo entendamos, aunque sea contrario a nuestros sentimientos y a nuestros deseos.

### ¿Ha sido tu trabajo un tiempo perdido?

Cuando Samuel fue ungido como profeta y luego como juez de Israel, jamás pensó que sería rechazado por el pueblo ni que entregaría su poder a una persona menos capaz que él. Pero, Dios tenía sus propósitos misteriosos, sus caminos no son nuestros caminos[136] y por eso no siempre los entenderemos. Quizás nos toque entregar a alguien menos preparado, una persona que a nuestra vista no tiene nada que aportar, que podría llevar la institución a la perdición, lo cual nos crea un temor inmenso. Todo aquello por lo que hemos trabajado, todo nuestro esfuerzo, nuestra visión, podría irse a la basura.

Jesús dijo: "Sobre esta roca edificaré **mi iglesia**"[137]. No es "nuestra iglesia" ó "nuestro grupo". A veces creemos que las instituciones son nuestras, pero con el tiempo vemos que las instituciones llegan más allá de nosotros y ¡qué bueno!, porque eso nos hace seres finitos y humanos. No tenga miedo de ser imprescindible. Si lo es, se hace necesario que se vaya, para

---

136   Isaías 55:8 (VRV 60)
137   Mateo 16:18 (VRV 60)

que venga otro que forme líderes y sucesores, porque definitivamente usted no lo hizo. Dios tiene pleno control de todo. En la congregación que dirijo a veces las cosas marchan mejor en mi ausencia, y es fabuloso. Eso me hace ver que la iglesia es de Dios, no mía. Samuel lo entendió cuando Dios le dijo: "No te han desechado a ti, sino a mí"[138]. El Señor nos enseña que "la obra es suya, en las buenas y en las malas".

## Las consecuencias de la falta de humillación

Cuando la herida de la altivez queda abierta, se convierte en una entrada perfecta para el señor de las moscas. Él usará las moscas para que pongan larvas en esa herida. Si usted quiere un sinónimo de altivez, escriba la palabra Satanás. Él trae con ella todo el dolor que padece la humanidad. Por eso la falta de humillación produce:

**Arrogancia.** Aunque parezcamos humildes, tenemos un corazón lleno de arrogancia, la cual va a fluir en un momento. Es como la de Job. Él pudo soportarlo todo, pero cuando llegaron los amigos y cuestionaron su vida, fluyó su arrogancia y sus labios pronunciaron

---

138   1 Samuel 8:7 (VRV 60)

palabras irrepetibles[139]. Todo esto vino, porque es fácil humillarnos ante Dios, pero es sumamente difícil humillarnos ante los hombres.

**Conflicto.** Si no estamos dispuestos a humillarnos, el conflicto nos acompaña, nos persigue y nos atrapa. La primera guerra mundial vino a raíz de la muerte de un hombre –este fue el detonante– y todos los conflictos que se han suscitado en la humanidad, en las familias, en las empresas, en las iglesias, vienen por el hecho de que alguien no está dispuesto a humillarse. Y aquí me merece hacer algunas interrogantes: ¿Qué hacemos con los tiranos? ¿Nos humillamos ante su bota opresora? ¿Nos doblegamos ante su injusticia? La cicatriz de la oración nos explica esto.

**División:** Tengo 40 años de edad y en ese tiempo he visto tantas instituciones, familias, sociedades e iglesias dividirse, que superan mi memoria. En todas hay un elemento común: la falta de humillación. La humillación salva, la altivez divide. La humillación restaura, la altivez destruye; la humillación devuelve, la altivez toma. La humillación es el aceite caliente que pasa el pastor sobre nuestra cabeza. Es imposible que él pueda ungir nuestra cabeza, si está altiva. Solo

---
139  Job 2:11-13, 3:1-26

con la humillación podemos bajarla y permitir que su tibio bálsamo calme nuestras iras internas.

**Pérdidas**. El liderazgo es sumar y multiplicar, nunca dividir o restar. Pero la altivez resta y divide. Hace un tiempo dos parejas, simultáneamente, dijeron que se querían ir de la iglesia. Una me lo dijo de frente, otra no me lo dijo nunca, pero sus hechos me confirmaron sus deseos. Ambas estaban irritadas con algunas de mis actuaciones. Esto es normal, suelo equivocarme. Me tocó ir donde ambas, por separado. En cada una de ellas uno de los participantes tenía la voz cantante, pero tenga presente que si usted hiere a uno de la familia, hiere a la familia completa. Conversé con las dos personas, me humillé y le pedí mis disculpas por no observar sus puntos de vista, y oramos juntos. ¿Hoy qué tengo? Tengo en ellas a dos de las parejas más comprometidas en la congregación en todos los órdenes; pero también puedo decir que en ocasiones hubo personas que decidieron irse y lamentablemente las perdí, por no aplicarme el bálsamo de la humillación. La altivez trae pérdida de tiempo, de personas y de recursos. Podemos perder en un momento lo que nos ha costado toda una vida construir, por no soportar un momento de humillación.

**El reino de las tinieblas se manifiesta.** No hay un lugar más jugoso para Satanás que la tierra de contiendas. Él vino para matar, robar y destruir. Existen unas aves cuya presencia solo es visible cuando hay olor a muerte. Ellas caminan por muchos lugares, pero solo se detienen donde hay descomposición. Satanás habita en medio de las contiendas, del orgullo y de la altivez. Cuando no nos humillamos podríamos convertirnos en uno de sus instrumentos para provocar daños irreversibles a las instituciones, las familias y las personas.

### Los beneficios de una genuina humillación

### Nos identificamos con Cristo

Al humillarnos se cumple en nuestras vidas el hecho de que estamos crucificados juntamente con Cristo y ya no vivimos nosotros, sino que él vive en nosotros. En ese momento, todo su poder y gloria se hacen presentes, pues le glorificamos a él en medio de nuestras lágrimas. Estas lágrimas no las derramamos por temor, ni siquiera por amor al prójimo, lo hacemos por obediencia a Jesús, quien dijo: "Si alguien te ha ofendido, antes que tu ofrendas, quiero tu humillación"[140]. Es más fácil dar y hacer cosas para Dios que humillarse ante un ser humano. Dios, que hizo al hombre y, cuando se encarnó, no buscó ser el más hermoso de los hombres, que no tuvo ningún parecido, no había ninguna belleza en él, fue despreciado por todos, se hizo vil, se hizo injusto y todo eso lo hizo por ti y por mí[141]. Lo hizo para salvar nuestra relación con Dios. *Humillarnos es nuestra más alta identificación con Jesús.*

## Salvamos las relaciones

Los motivos reales de todos los conflictos casi nunca son los que se dicen. En el fondo, los conflictos vienen por pugnas internas, malas percepciones, odios, rencores y heridas sin cerrar. Muchas veces se ve que hay un interés material, o de poder, o de oportunidad en las personas, pero lo que realmente existe es una inmensa necesidad de ser reconocido, de que alguien se humille. Esa es la figura de la expiación, alguien tiene que morir por este hecho, alguien tiene que humillarse.

En el capítulo 15 del evangelio según San Lucas, hay tres ilustraciones que el Señor hace sobre el

---

140    Paráfrasis de Mateo 5:24
141    Isaías 53 (VRV 60)

proceso de salvación de las relaciones y las tres, en algún sentido, sugieren un proceso de humillación en el cual hacemos todo lo posible para que nuestras relaciones permanezcan. El propósito de estas ilustraciones, básicamente es mostrar cómo Dios está preocupado por el hombre perdido y cómo se alegra cuando una persona sin rumbo es encontrada. Es excelente ejemplo de lo que nosotros debemos hacer con las relaciones que están a punto de perderse.

La primera ilustración habla de la oveja perdida. En ella el padre nos enseña cuán significativa es una sola de las personas que componen el grupo, cuánto esfuerzo ha de hacer el líder en pos de recuperarla. Aquella oveja pudo haberse perdido por múltiples razones, sin embargo, el pastor ignora motivos y pone su vista en la razón de ser del líder. Al contar, él sabe que falta una, y esto lo pone en movimiento, va en busca de ella y la trae en sus hombros con todo lo que eso implica.

Este es el costo del liderazgo: tirarnos algunas ovejas encima y lidiar con el olor, el sucio, la sangre, los balidos y el peso de su cuerpo, lo cual significa que estamos humillándonos para salvar y sumar. La segunda ilustración tiene que ver con una moneda perdida. Relata el drama de una mujer que tiene diez monedas iguales y pierde una, lo que representa el

10% de lo que tiene. Esto puede ser o no significativo en función de las posibilidades de adquirir más recursos en el futuro. Ahora bien, lo importante es que aquella mujer no quería perder nada e hizo las diligencias necesarias para recuperarla: encendió la lámpara, barrió la casa y buscó con diligencia hasta encontrarla. Aquí vemos de nuevo la humillación: barrer, descender al suelo y buscar por cada rincón algo que para otros puede ser insignificante, pero para nosotros, que buscamos sumar, es muy significativo. Por último, tenemos la tercera ilustración, la del hijo pródigo, aquel hijo que pidió todos sus bienes, se fue lejos del hogar y gastó en mujeres y amigos todo cuanto le habían dado. Cuando se acabó el dinero, la diversión y los amigos, quedó perdido, arruinado, sin ninguna posibilidad de salir adelante y hasta tuvo que atender cerdos en una pocilga. Era tan triste el asunto que no podía comer ni siquiera de la comida de los cerdos. Un día pensó que debía regresar. Al menos un padre misericordioso le daría comida. El padre no solo lo recibió y le dio un abrazo a un hijo sucio, con mal aliento, con hambre, con sudor, sino que lo estaba esperando, lo esperaba todos los días, desde el momento en que partió. En los tres casos el asunto termina con una fiesta de celebración por encontrar lo que se había perdido. La frase *"lo que se había perdido"* se pronuncia en algún sentido en las tres ilustraciones: oveja, moneda e hijo. Los tres se perdieron de formas diferentes, pero cuando los encontraron, se restauró una relación y hubo fiesta. En todas las parábolas hay una humillación del líder: el pastor se pone la oveja encima, la mujer se baja a recoger su moneda y el padre sale a recibir a su hijo. Esta es la alegría de la restauración de una relación. Jesús nos enseña aquí cómo Dios vino a salvar lo que se había perdido. De esto aprendemos cómo el líder debe esforzarse por restaurar las relaciones quebrantadas y cómo para hacerlo tendrá que humillarse en muchas ocasiones.

A veces resulta muy doloroso ir tras personas que se van de nuestro lado y no solo se van, sino que nos hieren en el proceso: hablan mal, critican nuestras acciones y cuestionan nuestro trabajo. Pero al humillarnos hacemos patente el ejemplo de Cristo, quien nos amó de tal manera que se dio a sí mismo por nuestra salvación.

## Triunfamos sobre el maligno

La herida de Satanás a Jesús estaba escrita: *Te herirá en el calcañar*.[142] Esa herida en el calcañar es una herida dolorosa, y lo cierto es que técnicamente no existe forma de que luego de que algo nos ha herido en el calcañar, nosotros podamos herirlo en la cabeza. Nuestro triunfo sobre Satanás no es un triunfo físico, la guerra se ganó en la cruz, *"el sumo de la humillación"*. Fue allí, en el acto vicario de Cristo, cuando él obtuvo la victoria sobre Satanás y, despojando a los principados y a las potestades, los exhibió públicamente, triunfando sobre ellos en la cruz[143]. El triunfo sobre Satanás no es físico, es un triunfo moral y espiritual y se logra con la humillación.

## Cristo humillado: el ejemplo más grande

Él se humilló a sí mismo; siendo Dios se hizo hombre[144] y nos enseñó que el más grande debe hacerse el más pequeño[145], que debemos servir con la toalla y limpiar los zapatos.

---
142   Génesis 3:15 (VRV 60)
143   Colosenses 2:15 (VRV 60)
144   Filipenses 2:8 (VRV 60)
145   Lucas 9:48 (VRV 60)

Un señor se hizo millonario a base de mucho esfuerzo y sacrificio, pues procedía de una familia muy humilde. En su preciosa oficina, tenía una caja de limpiar zapatos.

—¿Por qué tiene usted una caja de limpiar zapatos tan fea en una oficina tan hermosa? –alguien que visitaba la oficina le preguntó.

—Yo era limpiador de zapatos por las calles y todo lo que he logrado, en algún sentido, ha estado relacionado con mi trabajo. Al humillarme y limpiar los zapatos de las personas, pude conocer a muchos empresarios, a muchos hombres buenos y a muchas personas petulantes. Allí, sentado en mi limpiabotas, pude comparar a todas las personas y ver que muchas veces los que menos tenían eran más arrogantes que aquellos que tenían mucho –añadió–. Pero también aprendí que aquellos que más tenían eran menos generosos que los que tenían poco. Aprendí a escuchar a las personas y a no sentirme mal, pues el hecho de ser lo que era, no me hacía más pequeño que aquellos a quienes les limpiaba sus zapatos –El visitante lo miraba fijamente y el Señor continuaba haciendo el relato–. Aprendí a humillarme y a cicatrizar heridas. Mi grandeza no estaba en mi posición, sino en mi corazón. Con el tiempo eso ha ido formando mi vida y es por ello que nunca voy a desprenderme de mi maestra: la caja de limpiar zapatos.

## A MODO DE CONCLUSIÓN

El liderazgo tiene los mismos desafíos en cualquier área de la vida en donde lo ejerzamos. Cada líder es un ser especial, a quien se le han conferido dotes exclusivos para serlo, dotes que con el tiempo se van perfeccionando. En lo personal no estoy convencido de que todo el mundo pueda ser un líder. La confirmación de esto es que muchas personas se alejan del liderazgo, lo rechazan y nunca lo aceptan. Por eso, ser líder resulta tan especial y retador. Desde el punto de vista bíblico, nadie puede ser líder por sí mismo. Todos los líderes de la Biblia fueron escogidos y llamados. El ejemplo más elocuente está contenido en las palabras de Jesús: "Rogad al Señor de la mies que envíe obreros a su mies"[146]. ¿Por qué hay que orar para que Dios envíe obreros donde Él sabe que hay necesidad de ellos? ¿Por qué hay que orar para que Dios envíe líderes donde Él sabe que hay necesidad de líderes? Es un misterio, pero este misterio contradice el dicho popular de que el líder se hace, no nace.

---
146 Mateo 9:38 (VRV 60)

El líder espiritual ni se hace ni nace: es escogido por Dios y es dotado de toda la gracia para ejercer su ministerio. Esta gracia no se consigue sólo en momentos de alegría, muchas veces se nos entrega en momentos de dolor, con heridas profundas. Solo cuando entendemos lo inmensa que es la gracia de Dios al hacernos líderes, experimentamos a plenitud lo que el Señor nos dice: "Todas las cosas les ayudan a bien a los que conforme a sus propósitos son llamados".[147] Sólo así podremos obedecer, sabiendo que lo que hacemos, no lo hacemos por fuertes ni por valientes, o por nuestra propia nobleza, pues no hay nobleza humana que pueda soportar el dolor de ciertas heridas. La única cosa que nos puede ayudar a soportar el dolor que nos causan las heridas del liderazgo es el amor. Al amar a Jesús y su palabra, cobra vida en nosotros lo mismo que le preguntó a Pedro: "Pedro ¿me amas más que éstos? Apacienta mis corderos".[148]

¿Qué habría pasado con la vida de José si se hubiera resistido a perdonar? Es evidente que su actitud de perdón lo llevó a la cima. Creo firmemente que cicatrizar cada herida abierta es lo que nos hace trascender como líderes. No perdonar, no sólo nos destruye

---

147 Romanos 8:28
148 Juan 21:17 (VRV 60)

interiormente, sino que también detiene nuestro crecimiento. El mayor acto de valor es el perdón, pues la Biblia dice que el amor echa fuera el temor.[149]

Con la historia de David y Goliat somos desafiados a enfrentar todo gigante que se atraviesa en nuestra vida. Aprendemos de David que su mayor virtud no fue la de ganar, sino la de atreverse a ir en contra de la corriente, en contra de aquellos que experimentaban el más pavoroso temor. La victoria es pequeña al compararse con la osadía, con el coraje de aquel diminuto joven que nos desafía a todos a enfrentar nuestros retos. De igual manera, su enseñanza de paciencia nos confronta a ser líderes más cautos, al momento de tomar una decisión, a no dejarnos llevar por los hijos de Sarvia ni por nuestras emociones.

No podríamos nunca resistir el fuerte peso del liderazgo con nuestras propias fuerzas. La fuerza humana tiene límites, los cuales suelen ser muy cortos. Pero la oración no tiene límites. La oración nos aterriza y nos pone en contacto con el suelo de donde venimos. La oración hace que rindamos la gloria a Dios por nuestros triunfos. Dios no necesita que oremos como un ejercicio físico de vana repetición. Él anhela ver que reconocemos nuestras limitaciones como humanos y su grandeza como lo Supremo. Su

---

149  1 Juan 4:18

justicia jamás es igual a la de los hombres: Él no se parcializa, no tiene preferidos, es enteramente justo. Es de Él de quien debemos aprender a no ser injustos e indiferentes al dolor ajeno. Su justicia lo llena todo, no podríamos obrar conforme a sus preceptos si nos parcializamos a favor de nuestros intereses y en contra del derecho de los demás.

El libro de Malaquías es el inicio de 400 años de silencio de Dios. Dios también calla. ¿Por qué no habríamos de hacerlo nosotros si es tan necesario para un liderazgo sano? Nuestro mayor problema como líderes no viene de aquello en que fallamos, viene de lo que decimos. Resulta difícil recoger las palabras, luego que salen de nuestra boca. Por eso, nuestra eterna actitud de humillación no debe apartarse de nuestra mente. Humillarse debe ser el "pan nuestro" de un líder. Al ofender, o por lo menos cuando otros se ofenden, aun sin razón, la única salida realmente sanadora y que desarma al ofendido es la humillación. Si como líderes no estamos dispuestos a hacerlo, el ejemplo de Cristo se hace vano.

Al escribir este texto he pensado tanto en los líderes, en sus familias, en sus temores y en sus heridas… He intentado que cada historia sea un bálsamo reparador de la vida de aquellos que velan por nuestras almas. He pedido a Dios mucha gracia para que cada una de estas palabras sea de consuelo al corazón de aquellos que leen.

Aplicar estas cicatrices a tus heridas y a tu vida de líder, evitará muchos de los inconvenientes que compartimos quienes hemos guiado. El dejar que estas cicatrices cierren tus heridas, te evitará muchos inconvenientes. No es fácil aprender con las experiencias de otros, pero creo que es lo más inteligente que podemos hacer.

Este es un libro lleno de contenido Bíblico. Debido a eso, parecería que solo está dedicado a los pastores y a los líderes de las Iglesias; pero, si observamos bien cada cicatriz, estas no son ajenas a la vida de cualquier líder en el mundo, es mas, no son ajenas a la vida de cualquier ser humano. Así que, todo aquel que se considere un líder en cualquier dirección puede hacer uso de ellas como un instrumento que le ayudará a estar motivado, a no rendirse por las opiniones ajenas y a desarrollar relaciones duraderas.

> Que al leer este material, recibas una luz que ilumine tus ojos y tu entendimiento, como fue iluminado el mío en todas las áreas de mi vida, al momento de recibirlo.
> Será un gran privilegio para mí recibir tus comentarios.

Dío Astacio
Pastor
las7cicatrices@gmail.com
Twitter: @dioastacio
Tel.   809-355-6400
       809 712 6400
       809-616-0976
       809-238-0499

Que Dios te bendiga.

Impreso en los talleres gráficos
de Todo Cómputo, en
enero 2011.

Esta edición consta de 1000
ejemplares.

www.ingramcontent.com/pod-product-compliance
Lightning Source LLC
Chambersburg PA
CBHW070948180426
43194CB00041B/1747